作者作为印尼副总统代表印尼政府出席 2010 年 10 月 19 日中国东盟博览会并发表演讲

作者（右二）担任印尼经济统筹部长期间会见外宾

作者（左三）担任印尼财长期间在缅甸仰光出席 2002 年第 6 届东盟财长会

作者（一排左二）夫妇与子孙全家福

作者（左三）与译者（右一）家庭合影

1842年巴达维亚（雅加达旧称）滑铁卢广场（现为雄牛广场）

2017年雅加达

Publication of this book was made possible with assistance from the LitRI Translation Funding Program of the National Book Committee and Ministry of Education and Culture, the Republic of Indonesia.

本译著出版获得印度尼西亚共和国国家图书委员会、印度尼西亚共和国文化教育部共同主持的印尼文书籍翻译基金资助。

Ekonomi Indonesia dalam Lintasan Sejarah

历史大变局中的
印尼经济

[印度尼西亚]布迪约诺 著　龚勋 译

北京大学出版社
PEKING UNIVERSITY PRESS

著作权合同登记号　图字：01－2017－3801

图书在版编目(CIP)数据

历史大变局中的印尼经济/(印尼)布迪约诺著；龚勋译.—北京：北京大学出版社，2017.9

ISBN 978-7-301-28637-1

Ⅰ.①历… Ⅱ.①布… ②龚… Ⅲ.①经济史—研究—印度尼西亚 Ⅳ.①F134.29

中国版本图书馆 CIP 数据核字(2017)第 194283 号

Ekonomi Indonesia dalam Lintasan Sejarah by Prof. Dr. Boediono
Copyright © Prof. Dr. Boediono. First published in Indonesia by PT Mizan Pustaka，2016.
All Rights Reserved.

书　　　名	历史大变局中的印尼经济 LISHI DA BIANJU ZHONG DE YINNI JINGJI
著作责任者	〔印度尼西亚〕布迪约诺　著　龚勋　译
责任编辑	朱梅全　杨丽明
标准书号	ISBN 978-7-301-28637-1
出版发行	北京大学出版社
地　　　址	北京市海淀区成府路 205 号　100871
网　　　址	http://www.pup.cn
电子信箱	sdyy_2005@126.com
新浪微博	@北京大学出版社
电　　　话	邮购部 62752015　发行部 62750672　编辑部 021-62071998
印　刷　者	北京大学印刷厂
经　销　者	新华书店
	730 毫米×1020 毫米　16 开本　15.25 印张　彩插 4 页　195 千字 2017 年 9 月第 1 版　2017 年 9 月第 1 次印刷
定　　　价	48.00 元

未经许可，不得以任何方式复制或抄袭本书之部分或全部内容。
版权所有，侵权必究
举报电话：010-62752024　电子信箱：fd@pup.pku.edu.cn
图书如有印装质量问题，请与出版部联系，电话：010-62756370

谨以此书纪念印尼经济历史的镌刻大师维佐约·尼蒂萨斯特罗教授[①]

---

① 维佐约·尼蒂萨斯特罗(1927—2012),毕业于印度尼西亚大学和加利福尼亚大学伯克利分校经济学专业。在印度尼西亚大学学习期间即与加拿大博士教授纳丹·凯费兹合著出版《印尼人口与建设》一书,时任印尼副总统哈达写序。1963年,任印度尼西亚大学经济学教授。1966年起,先后担任总统经济顾问委员会主席、印尼国家建设计划机构主席、国家建设计划部长、经济统筹部长。在苏哈托执政时期,是印尼经济政策的主要决策者,有"印尼经济发展建筑师"的美誉。在瓦希德总统执政时期,任总统经济小组长;直至逝世前一直任总统经济顾问。曾与"巴黎俱乐部"成功谈判延期支付59亿美元印尼外债问题。其经济思想受"凯恩斯学派"影响,强调市场机制与政府干预结合,主张在经济决策中坚持"谨慎"原则。代表作有《印尼建设经验:自选文稿和演讲集》(2011)等。
——译注

每一个想读懂印尼经济发展进程的人,都需要这本重要参考书。作者既有规划管理国家的实际经验,又是严谨理性的著名学者,故而一针见血、深刻精辟。

——纳吉瓦·希哈布,电视记者

一部大师级的经济著作,不仅有严谨的理论,而且有丰富的治国经验,很适合官员、政客、大学生和公众阅读。

——阿布迪拉·多哈,政治经济观察家

经济是国家主要支柱之一。《历史大变局中的印尼经济》以纵贯历史的画卷,阐释了是什么使得印尼能在一个多世纪中生存和发展,很值得代表我们这个民族未来的年青一代阅读。

——班邦·P.S.布洛佐尼哥罗,财政部长(2014—2019)

一部恰逢其时、了不起的著作:梳理漫长历史,提供一面镜子,使人了解并回答了当今和未来的挑战,以免重蹈覆辙。布迪约诺教授再次展示了其以简单明了的风格说清复杂问题的独特功力,使得这部著作能被大众读懂。政策制定者、分析家、政客、大学生更需要阅读它。

——费萨尔·巴斯里,大学教师、经济学家

《历史大变局中的印尼经济》的独到之处在于，简练叙述了漫长的大历史，即从荷兰时期至今。叙述方法连贯、细致，分析简洁明了。布迪约诺教授是1980至2014年30多年来印尼经济的重要参与者，共同塑造了印尼经济历史，以第一手材料和实践经验为印尼经济发展历程写下金色的篇章，很适合印尼大学生、大学教师、研究者、经济行为者和观察家们阅读，对未来一代来说，该著作也提供了知识大餐。

——昂基多·阿比马纽，博士，卡查玛达大学讲师

通过这部著作，布迪约诺先生希望印尼不要忘记历史，他想对当今参与决策的经济学家说，面对的挑战和难题诸多，要明辨可为与不可为。这部著作对印尼经济贡献了卓越智慧，值得每个人阅读。

——德尼·普斯帕·普尔巴沙莉，博士，总统幕僚第三助理

前　　言

如果你想纵览印尼经济5个世纪发展历程的话,本书就是写给你的。篇幅重心在独立后时期。但我认为,学习理解独立前时期同样重要。鉴往知今,前瞻未来。解读已发生的事件不可避免要使用一些经济学术语,但我尽量会用日常语言阐述这些思想。

除了针对普通读者外,我还希望本书能对学习或选修经济学的大学生进行实例研究有所裨益。经济学不是有人嘲讽的只有曲线、类比或抽象理论的"空盒子",而是一门实用科学,其价值在于能否帮助解决社会面临的实际问题。希望本书能提供一些案例,证明经济学是如何被用来解决我们这个民族有史以来的各种问题的。你会发现得失昭然、成败可鉴。

历史是善学者的教科书。智慧亦由此而生。

祝你阅读愉快!

布迪约诺

Prof. Dr. Boediono

2016年2月25日

中文版序言

全球化促进了人民之间、企业家之间以及国家之间的深度交流。只有那些在全球范围内谙熟交流技巧、掌握沟通能力的人，才能采撷全球化的果实。要想在这一舞台上成功奏凯，洞察和参透交流对象的背景是不可或缺的资本。

本书是写给那些对印尼经济饶有兴趣但又没有太多时间深入研究的读者们，使他们能对跨越5个世纪的印尼经济的兴衰成败和面临的主要问题一目了然。为了让普通读者和大学低年级学生能够读懂印尼经济的发展历程，本书采用通俗易懂的语言进行描述，同时不偏离事物的本质，不失去材料的精准。

本书译成中文出版，有机会被世界第二大经济体中华人民共和国的读者和其他地区的中文读者所认知，令我倍感欣慰。当我得知该书译者龚勋先生是一位能力出色的前中国外交官、印尼语言文学专家时，更令我感到欣慰。在他的提议下，中文版得以梦想成真。

本书由享负盛名的北京大学出版社出版，令我深感荣幸。但愿本书能为促进印尼人民与中国人民的相互了解和友谊尽一份绵薄之力。

布迪约诺

Prof. Dr. Boediono

2017年5月2日于雅加达

经济和政治的均衡

埃米尔·萨利姆博士教授

在分四个小节、条分缕析地阐述了2004—2014年十年间印尼经济跌宕起伏的发展历程后,布迪约诺博士教授得出结论:建设过程的本质是经济与政治相互影响的互动结果。

有的时期是政治主导,经济从属,如旧秩序"有领导的经济"时期;有的时期是经济主导,政治从属,如新秩序初期。

建设过程中,一个时期的政治目标并不总是与当时的经济目标步调一致。我们的建设领导者常常面临两种目标间的妥协权衡(trade off)。因此,布迪约诺博士教授说:"历史显示,经济目标总体上要服从政治目标。但在一定时期(如经济危机时),经济目标是当务之急,要高于政治目标,至少在短时期内直到克服危机为止。历史也表明,如果政治目标与经济目标之间存在巨大反差甚至鸿沟,那么等待国家的就只有艰难困苦。必须使二者协调一致。这是一个令人痛苦的过程。"(第176页)

布迪约诺博士教授的重要论点是:"国家管理者的任务就是保证两个目标在任何时候都不能相互挤压碰撞。"(第177页)

国家建设历史好似在经济和政治两端摇晃的"建设钟摆",有时会晃到政治一边,使政治影响和力量比经济因素更具主导性。"有领导的经济"时期就是如此。但当"建设钟摆"离"经济端"较远、离"政治端"较近时,就会产生"抗衡力"(countervailing forces),推动它重新回到"经济端"。

因此,经济建设的历史就像经济和政治两端来回摇晃的钟摆,在社会诞生和增长的力量来回牵引的张力中运行,最终达到经济诉求与政治诉求适度的均衡状态。社会的动态演变推动着经济和政治诉求走向均衡。

在对"经济和政治两端摇晃的钟摆"的比喻中,可以说,建设就是一个"寻找经济端和政治端均衡区的摇摆过程"。一个国家的社会生活是动态发展的,因此,想要达到经济端和政治端的"绝对均衡点"是不可能的。

如果在建设过程中,社会感觉"建设钟摆"晃得太远,一会儿向经济端倾斜,一会儿向政治端偏移,离开了公认"合适自然的"平衡区时,"抗衡力"势必出现并矫正其回到均衡区。

当今,印尼的建设在动态发展,国家管理者的任务是积极营造契机、激发公众能量,汇聚众智,弄懂并打造经济端和政治端的均衡区。

"均衡区"由1945年宪法保障的全民共识的民族自尊自强意识所决定,是民族独立意愿的体现。1945年宪法确立印尼建国基础是五基原则"潘查希拉"。

因此,真正决定政治和经济均衡的要素是践行建国五基"潘查希拉",这是"政治活动空间"与"经济活动空间"保持协调平衡的标尺。

历史是在发展的,昔日适用的未必符合时代变化。"潘查希拉"意识形态也需要以创造性的思维来发展,使之能与日新月异的时代精神相谐共生。

从这个意义上说,布迪约诺博士教授关于发展"本土公共机构",将"游戏规则"与"执行游戏规则的人的能力"相结合的建议是十分恰当的。

之后要做的,是明确定位"政治和经济秩序平衡区"是践行"潘查希拉"的一个具体体现,这样,就能推动印尼经济在2045年迈入腾飞阶段。

埃米尔·萨利姆[①](emilsalim2009@gmail.com)
2016年5月30日

---

① 埃米尔·萨利姆(1930—),曾任印尼提高国家机构效率部长、交通部长、环境部长、人口与环境部长、环境和可持续发展问题总协调人、总统最高咨询委员会主席等,著名经济学家。——译注

目 录

第一部分 独立之前

第一章 17 世纪和 18 世纪：荷属东印度公司时期的努山塔拉群岛 / 003

努山塔拉群岛贸易区 / 003

从贸易垄断到摄政政权 / 006

荷属东印度公司的两个世纪 / 009

第二章 19 世纪和 20 世纪初：建设殖民经济体系 / 015

荷兰政府接管荷属东印度公司 / 015

建设殖民政府体系 / 016

1800—1830 年：初始阶段 / 017

1830—1870 年：强迫种植制 / 019

1870—1933 年：自由经济政策 / 021

殖民政府体制形成 / 023

1900—1930 年:道义政策 / 025

人民福利 / 026

第三章　1920—1950 年:从世界大萧条到战时经济 / 029

风暴来临 / 029

政策应对 / 031

1942—1945 年:日本占领时期 / 033

1945—1949 年:革命时期 / 035

反思 / 037

第二部分　独立后时期

第四章　1950—1965 年:巩固、停滞、恶性通胀 / 043

1950—1957 年:议会民主时期 / 043

经济挑战 / 046

1957—1965 年:有领导的民主时期 / 051

第五章　1966—1968 年:政治稳定时期 / 060

直面难题 / 060

创造政治环境 / 061

制订经济计划 / 062

问题层出不穷 / 069

政策成果 / 073

第六章　1969—1981 年：经济建设和石油红利 / 076

简要回顾 / 076

从稳定到建设 / 077

经济增长 / 079

转变结构 / 089

贫困与人口 / 092

第七章　1982—1996 年：摆脱依赖石油，建设
　　　　非油气产业 / 097

主要发展脉络 / 097

1983—1985 年：第一波政策 / 098

1986—1996 年：第二波政策 / 101

取得了什么成果？ / 104

第八章　1997—2004 年：亚洲金融危机：影响及应对 / 111

危机前夕 红灯没亮 / 111

危机初始阶段 / 112

与国际货币基金组织合作计划 / 117

为什么计划失败 / 119

危机为何恶化 / 122

改变战略 / 124

实施计划 / 127

第九章 2004—2014 年：复兴、危机、出口"繁荣期" / 138

两个危机的故事 / 138

2004—2008 年：危机前的气氛 / 140

2008—2009 年：危机和解决过程 / 143

出口"繁荣"及之后：2010—2014 年 / 154

未来挑战 / 160

第十章 以史为鉴(1)：经济、政治和机制 / 174

经济和政治：一枚硬币的两面 / 174

建设公共机构 / 178

李光耀眼中的印尼 / 183

第十一章 以史为鉴(2)：在全球化时期维护稳定、化解危机 / 186

防御经济动荡的体系 / 186

管控金融危机：印尼经验的一些教训 / 191

参考文献 / 196

译后记 / 201

知识盒目录

知识盒 1.1　铸币税 / 005

知识盒 1.2　经济理论点滴：贸易收益和分配 / 008

知识盒 2.1　指令经济制 / 021

知识盒 5.1　"平衡收支预算"原则 / 064

知识盒 5.2　双重汇率制 / 066

知识盒 6.1　技术专家和技术官僚 / 081

知识盒 6.2　出口繁荣期的宏观调控 / 086

知识盒 6.3　1972/73 年大米危机 / 086

知识盒 6.4　印尼国家石油公司（Pertamina）危机 / 087

知识盒 6.5　增长从何而来 / 090

知识盒 8.1　实践中的经济政策 / 114

知识盒 8.2　与国际货币基金组织的合作机制 / 118

知识盒 8.3　整顿银行的措施及成效 / 131

知识盒 8.4　解决危机大事记 / 134

知识盒 9.1　处置世纪银行大事记 / 151

图 目 录

图 9.1　2008—2016 年印尼盾兑美元汇率走势图 / 148

图 9.2　2000—2015 年除燃料外的初级商品价格指数 / 155

表 目 录

表 2.1　1874—1914 年印度尼西亚出口 / 023

表 2.2　1880—1925 年道义政策期间各族群家庭均收 / 026

表 3.1　1929—1932/34 年荷属东印度大宗商品出口价格 / 030

表 3.2　1942—1945 年几种重要商品的产量 / 034

表 3.3　1947 年左右数个经济行业产能与战前产能之比 / 036

表 4.1　议会民主时期的内阁 / 044

表 4.2　1950—1958 年国家预算赤字和货币流通 / 050

表 4.3　国家预算实际收支 / 053

表 4.4　1958—1965 年政治优先的政府开支项目 / 053

表 4.5　1958—1965 年政治优先项支出占国家预算总支出比 / 054

表 4.6　1958—1965 年对国企的资金支持 / 054

表 4.7　1959—1966 年国家预算与货币流通 / 055

表 4.8　1950—1966 年发行货币涨幅、物价涨幅（通胀）和发行货币的实际价值 / 056

表 4.9　1949—1957 和 1957—1966 年各产业生产总值和人均总值平均增速 / 057

表 4.10　1951—1967 年国内生产总值和人均产值 / 058

表 5.1　1964—1968 年货币发行增量及主要增长源 / 073

表 5.2　1961—1971 年通胀率和经济增长率 / 074

表 6.1　1969 年和 1979 年国家收支预算中的建设开支 / 078

表 6.2 1967—1972 年和 1972—1980 年各领域经济增长 / 079

表 6.3 1969—1985 年粮食作物生产资料和基础设施 / 083

表 6.4 1970—1987 年大米生产和进口 / 084

表 6.5 1975—1985 年印尼国内生产总值构成 / 089

表 6.6 1971 年和 1980 年各经济产业劳动力生产率指数 / 090

表 6.7 1969—1981 年人均（按国定价格）实际消费增长 / 093

表 6.8 1969/1970、1976 和 1981 年贫困线下人口百分比 / 094

表 6.9 1930—2010 年印尼城市居住人口百分比 / 095

表 7.1 1983—1996 年非油气出口和经常项目赤字 / 104

表 7.2 1986 年和 1996 年主要非油气出口 / 105

表 7.3 1983—1996 年已批准的内外资及在国内生产总值中的占比 / 105

表 7.4 1984—1996 年银行贷款进度 / 106

表 7.5 1986—1996 年国内生产总值增长、人均增长、通胀率 / 107

表 7.6 1984—1996 年油气、非油气税收及在国家收支预算中的占比 / 107

表 9.1 1996—2004 年遭受亚洲金融危机的几个亚洲国家的经济增长 / 139

表 9.2 2006—2012 年遭受全球金融危机的几个亚洲国家的经济增长 / 140

表 9.3 2004—2008 年燃油补贴、国家收支预算赤字和经常项目 / 142

表 9.4 2009—2014 年油价上涨对国家收支预算和经常项目的影响 / 156

表 9.5 2004—2013 年失业率和年轻人群失业率 / 163

表 9.6 1970—2013 年贫困人口和基尼系数 / 166

表 9.7 基尼系数：不同国家的比较 / 167

表 9.8 数国营养不良现象 / 168

第一部分

独立之前

第一章

17世纪和18世纪：荷属东印度公司时期的努山塔拉群岛①

努山塔拉群岛贸易区

翻开500年前我们民族的历史页面，现在所说的印度尼西亚这个国家尚未出现。据历史记载，当时的印度尼西亚只是一个群岛区域，由许多分散的社会政治实体构成，通常是以王国形式，主权独立，各辖一方，依托控制的土地、资源和人口，形成独立经济实体。

努山塔拉群岛并非封闭地域。彼时，主要岛屿大部分本土经济体已相互通商，有些甚至同欧亚国家建立生意往来。因为印度尼西亚正好位于欧

---

① 努山塔拉（Nusantara），指的是印度洋和太平洋之间现隶属于印度尼西亚的群岛地区，最早见于公元12—16世纪爪哇语文献，原被印尼历史上最强大的海上王国满者伯夷（Majapahit）用于称呼其所管辖的印尼群岛地区，20世纪初被印尼民族运动先驱基·哈查尔·德万多罗（Ki Hajar Dewantoro）借用指代荷兰王国控制下的"荷属东印度"，以唤醒本民族的独立意识。后来，当印尼民族运动领袖和青年俊杰们确定以"印度尼西亚"（Indonesia）指称这片群岛并以实现独立建国为目标后，"印度尼西亚"逐渐取代"努山塔拉"并最终成为国名。努山塔拉因蕴含本土民族意识，至今仍被印尼人使用，特别是在描述20世纪前荷兰殖民统治时期的时候。——译注

亚海上贸易通道要冲,地理优势不言而喻。加上本地区不像中国、日本归属统一政权管辖,这为各方来客驻足云集、经商交易大开方便之门。最初,印度、中国、阿拉伯、印度尼西亚(马来族)以及接踵而来的欧洲(荷兰、葡萄牙、英国)商贾都可以自由经商。要想做生意,只需遵守当地统治者规定和尊重风俗习惯即可。随着时间推移,欧洲商人在组织、技术、市场信息获取方面优势彰显,逐渐主导大宗贸易,特别是对欧贸易。中国、印度、阿拉伯商人主要是在亚洲地区国家贸易和群岛地区间贸易中各展其能,同时在与欧洲商人的交易中发挥中间商作用。印度尼西亚商人则更多在本地贸易中如鱼得水,在产地中心和中间商之间牵线搭桥。接下来的发展中,欧洲商人凭借骨子里那种征服异域的拓荒精神——帝国主义精神——开始利用组织和军事优势开疆拓土,控制这一地区。他们期望攫取比一般经商更大的财富。稍后,我们将描述荷兰贸易公司荷属东印度公司(VOC)是如何在努山塔拉群岛地区经营拓展的。

当时,本地区勃然兴起两大贸易中心:马六甲海峡沿岸和环爪哇海地区。二者都与亚欧贸易大通道紧密相连。

按照经济学理论,贸易和交换推动地方经济体基于比较优势的生产专业化。我们可从以下引文充分了解本地区贸易结构和专业化分工。

> 棉花、布匹、大米、盐、鱼干、坚果等生活必需品从爪哇运往巽他、东、西苏门答腊的港口以交换胡椒;中国和印度商人将丝绸、粗布、瓷器等产品带到爪哇,连同大米一起运往马鲁古以交换丁香、肉豆蔻;香料和大米被运到马六甲,一部分被中国商人和印度尼西亚商人用来换取瓷器、丝绸、贵金属或铜钱。以马六甲海峡、爪哇岛、印尼东部地区三角贸易为主流,与之辐辏相连的是一些贸易支流,如苏门答腊出产的胡椒经爪哇被输送到巴厘岛交换粗布;勿里洞和卡里马达生产的刀具运往帝汶交换檀香木和松香;缅甸南部的香木、南加里曼丹马塔普拉的靛料

都曾输入本地区。①

除了生产专业化,交换或贸易推动了一个更加重要的进程,即货币化——使用货币作为交换工具。贸易活动与货币化同步并进、相辅相成。贸易发展推动货币化增长,反过来,货币化使贸易活动进一步便利化和扩大化,贸易扩大又提出更高的货币需求。一般来说,有两组货币大规模流通,一是来自中国、印度、荷兰等国各个产地形态各异、掺杂白锡和黑锡的小额铜钱;二是来自荷兰、墨西哥、西班牙等国的大额银币。小额铜钱比银币流通更广。其中,最通用的货币是掺杂铜和黑锡的中国铜钱"盘缠"或该币种的本地版。一项研究表明,17世纪在努山塔拉群岛地区大概流通8亿枚中国铜钱。以当时人口约1000万计,人均约为80枚中国铜钱——这在当时的货币化比例中是相当高的。②尽管如此,当时各种报告显示,普通大众,特别是远离贸易中心的居民总感到货币很稀罕——这意味着货币化进程远未完成。

▶▶▶ **知识盒1.1**

铸 币 税

荷属东印度公司能够铸造并发行货币,使之有了利润来源(贸易外利润或收益),即铸币税(Seignorage)。它指的是通过流通货币的实际价值(每枚钱币的含铜或其他金属价格)和货币名义价值(货币标注的价值)之间的差价获利。当名义价值大于实际价值时(并非总是如此,但经常如此),货币制造和发行者就获得铸币税。此外,还有

---

① Houben(2002),hh.46-47.
② Houben(2002),h.51.

> 其他盈利或亏损来源。荷属东印度公司使用铜钱从农户和种植户手中购买土特产,运到欧洲拍卖,收取金币或银币。这种交易使得该公司从两种金属货币的交换价值差中可能获利或在某种情况下亏损。以当代术语来说,这种交易是货币交易或外汇交易,在荷属东印度公司时期已十分流行了。

荷属东印度公司需要大量兑换工具从当地生产者和商人手中购买商品,然后出口到欧洲。最初,他们从荷兰带来银币或从其他国家带来银圆满足需求。但这样做实在太过昂贵。于是,荷属东印度公司开始铸造更廉价的金属货币在印度尼西亚通用(黑锡币于 1633 年开始发行,铜币或铜锡混合币于 1636 年开始通用)[①]。三个世纪后,到了 19 世纪,随着荷兰在印尼统治权日益巩固,本地区才有了统一标准货币——荷属东印度的荷兰盾。

从贸易垄断到摄政政权

现在让我们看看荷属东印度公司在印尼的发展轨迹。该公司是由荷兰一些投资人在 16 世纪末成立的一家商业实体,主要目的是经商牟利。欧洲其他国家也成立了旨在获利的类似实体。时移世易,他们不再满足于在欧洲和其他已固定的市场获取"正常"利润,期望一夜之间一本万利。当时,欧洲的探险家和远足者们乘坐大船漂洋过海,开始遨游世界。他们带着奇珍异闻回到本国,绘声绘色讲述在遥远异乡一夜暴富的天赐机缘。这种梦幻气氛中,那些喜欢险中求富贵的投资人组建了荷属东印度公司、英属东印度

---

① Van Zanden dan Marks(2012),hh. 39-40.

公司之类的贸易公司。公司的主要目标就是控制那些"新拓的蛮荒"地区，尤其是盛产畅销欧洲的黄金、白银等贵金属和香料等大宗商品的产地。亚洲、南美、非洲的广袤大地成为这些公司竞争厮杀的角斗场。军队纷纷组建，原本是为防止其他公司的威胁，却在实际中更多用于征服当地统治者。军事力量成为公司不可分割的一部分。历史记载表明，在其后的发展中，商业竞争演变成国家间争夺新殖民地的竞争。欧洲几乎所有国家都采用外交和军事双管齐下的战略不断拓展殖民地。世界历史上三个世纪，即从17世纪到19世纪是帝国主义思想的顶峰时代。欧洲国家都具有为了国家荣耀和财富而不断扩大新拓殖民地的精神特质。

我们再回头谈谈荷属东印度公司。该公司的海船1596年首次停靠万丹，购买香料等商品，运往欧洲贩卖。过后不久，他们便不止于经商，而是企图直接或间接控制产地源头。他们先是运用"外交"手段，包括挑拨地方统治者相互争斗，一旦不灵，立即动用武力。自从踏足努山塔拉群岛地区开始，他们就依样炮制，有序推进，一直持续两个世纪。

这种战略百试不爽。1621年，荷属东印度公司控制了班达的肉豆蔻生产，开辟了种植园；1656年，垄断了安汶的丁香生产和贸易，之后征服了爪哇北海岸的统治者，规定其向该公司输送土产。对未征服的地区，则采取与当地统治者"合作"的方式，如在伯良安开垦咖啡园，将其打造成跨越两个世纪获利持久的"生意样板"。

18世纪末，荷属东印度公司兼并了爪哇岛大部分、马鲁古群岛以及苏门答腊、加里曼丹、苏拉威西的几个贸易集散地。[①] 通过控制日益广大的领地及居民，荷属东印度公司除了贸易获利外，还获得新的收入来源，即对领地居民收取税赋。通过征收各种税赋，该公司从单纯的贸易公司转型为国家

---

① Van Zanden dan Marks(2012),hh.29-30.

的"摄政政权"。

在其控制的地区,荷属东印度公司通常沿袭当地统治者此前采用的税赋制度,如人头税、土地税、商业流通税等。然而,该公司也有新发明,如对一些出口商品征收资源税(in natura)、对纺织品和鸦片进口实行垄断并课税。

贸易公司人手有限,如何有效管理己方控制和影响的广大领地,自有独特而聪明的妙招,即最大限度借助当地统治者和官僚的作用。这种治理模式一直延续到20世纪荷兰殖民政府时期,只是后者的升级版更加精细化而已。荷属东印度公司本身没有部门征收税赋。收税完全依靠与当地统治者合作或以分包制进行。有些营收,如获利丰厚的征收鸦片税、土产税等当时都分包给在爪哇各地拥有广泛人脉的中国商人去办理。①

▶▶▶ **知识盒 1.2**

经济理论点滴:贸易收益和分配

经济学指出,贸易推动专业化分工,专业化分工推动生产效率,生产效率为从事商业活动的人带来额外收益。如果各个本地经济体专门生产与气候、居民技能和自然资源相适配的产品,该经济体就获得了增值收益或之前没有的附加值。额外收益被称为"贸易收益"或gains from trade。可以肯定的是,当时努山塔拉群岛区域能够创造这种收益并刺激当地经济车轮的运转。

接下来,一个重要的(或对某些人而言更为重要)的问题是谁最获益?经济学理论只说,参与贸易活动的人之间的收益分配由各自拥

---

① Van Zanden dan Marks(2012),hh.33-34.

> 有的"市场控制力"或"市场力量"决定,实际上,收益分配还由"非市场控制力"说了算。荷属东印度公司通过使用军事力量和外交手段,直接或间接控制了爪哇岛、马鲁古以及努山塔拉群岛地区其他一些地区,获得了这种非市场控制力。在其掌控区域内,该公司对人口和资源拥有绝对控制权,不再单纯是一个贸易公司,而俨然是像政府一样征收苛捐杂税、垄断进出口等的统治者。通过将市场力量和非市场力量集于一身,荷属东印度公司能够从其控制的领地获取最大收益——这种制度称为"榨取经济制"(sistem ekonomi ekstraktif)。

荷属东印度公司时代的"治权"带有纯粹榨取制的典型特征,即运用手上的商业能力和公共权力从控制地域最大程度地榨取经济利润,完全不考虑那些生活在这片土地上人们的命运。这种制度中,没有公司权力和公共权力之分,没有商业利益和公共利益之分,没有企业家利益和统治者利益之分。一切归一,定于一尊,皆为一个目标,即从领地上无所不用其极地榨取经济利润——这就是"纯粹榨取经济制"。带有反讽意味的是,这种本该带来巨大利润的制度却使得荷属东印度公司因亏损而最终破产。18世纪末,荷属东印度公司所有资产和领地被荷兰政府接管。

荷属东印度公司的两个世纪

人口和经济增长。具体说,印尼对荷属东印度公司最大的吸引力在于:1. 土地辽阔可做农田;2. 充足的廉价劳动力可从事生产。这两个生产要素恰恰是荷兰最缺乏的。1600年左右,印尼人口大约1000万,其中爪哇岛400

万、苏门答腊岛250万。我们本章提到的时期内,人口增长率很低,年均增长约为0.2%。出生率很高,但由于疫病、饥饿、战争和自然灾害,死亡率居高不下。[1]这种悲惨的生存状况——活在生死之间,仅够维生度日——在托马斯·罗伯特·马尔萨斯1798年的著作《人口论》中描述的情景,就发生在努山塔拉群岛地区。

荷属东印度公司到来前,当地统治者控制着土地和劳动力。因此,对该公司来说,最廉价、最有效控制资源的方法就是与当地统治者合作或对其施加影响。军事征服是最后选择。通过威胁利诱,荷属东印度公司鼓励当地统治者超强度开垦土地、压榨人民,以便生产更多其感兴趣的商品。

按照当时的农业技术水平,超强生产意味着在每公顷土地上投入更多劳动力。荷属东印度公司如何调动劳动力呢?该公司再次巧妙利用了当地封建制度和传统,征调人们在每个农忙季节抽出一定天数为地主或统治者无偿打工。如上所述,沉重的负担最终落在凑合度日的"勉强维生"家庭头上。就这样,荷属东印度公司得以逐个地区循序渐进地推行其政策。

通过超强负荷地使用土地和劳动力,荷属东印度公司时期的印尼经济取得了令人难忘的"增长"。大宗商品生产全面提高。这点不足为奇。然而,这种超强生产的效用也达到饱和点。此后,只有获得新土地,才能提高产量,而且当时更重要的是,要掌控人口集中征调或新劳力的供给。这也是为什么荷属东印度公司胃口越来越大、毫不松懈地扩大控制领地的主要原因。

当时印尼经济景象究竟怎样?人们所知甚少。一份研究指出,从各种现存的记载材料看,1450—1680年,印尼经济经历了长时期增长;之后在1680—1750年,因为争端和战争而出现停滞甚至经济活动下降,也可能是因

---

[1] Houben(2002),hh. 53-54.

为荷属东印度公司的贸易垄断制度达到极限的缘故;接着在1750—1820年,经济活动重新复苏,其中原因是基础设施网络日益扩大,在种植产业运用了新技术、开发了新产品。①

增长与繁荣。通过阐释荷属东印度公司时期的统计数据,我们得到一个深刻教训,即所谓一个地区生产提高创造的"经济增长"并不总是意味着当地居民生活水平提高。当地各种主要产品的产量提高了,但绝大部分收益都被荷属东印度公司、当地统治集团独占。从现有数据看,即使是在经济增长时期,印尼绝大多数居民也都处在仅够维生度日的水平。以上提到的人口现状和发展足以支持这一结论。

增长和进步。在发展经济学文献中,经济增长不仅是居民生活水平提高的主要来源,而且是带动整体经济步入更发达阶段的主要过程。有一种解释是:假如经济能以生产力持续提高为基础,保持长期可持续发展,那就是发达经济。以此标准衡量,努山塔拉群岛地区经济即使如本章所述保持了长达两个世纪的增长,也并不代表着进步发达。为什么?答案是,榨取制度无法为经济创造契机,使之达到进步发达的标准。生产力的提高仅局限于那些荷属东印度公司感兴趣、能在欧洲热销的大宗商品,而且即便产量提高,也主要是靠每公顷更多使用劳动力的超强生产,而不是运用新技术取得的。

这种纯粹榨取制中,已建立或新建立的机构只服务于一个目标,即最大程度地从当地经济中榨取"超额"价值并汇聚到荷属东印度公司手中。在这种情势下,无法建立具有持久力和先进动力的经济结构。我们称之为增长过程没有出现"内生化"。18世纪末,努山塔拉群岛地区居民的生活水平和经济发达程度,与两个世纪前相比几无改进。

---

① Houben(2002),hh.54.

> 思考材料

本章结束时,让我们思考一下本时期经历涉及的两个方面,这对解决当今问题依然适用:第一,记住贸易收益(gains from trade)的分配是由各方的议价力(bargaining power)决定的。荷属东印度公司凭借生意优势,将经济权力和政治权力合二为一,拥有几乎绝对的议价力。其他角色获得的部分少得可怜,只够支撑他们保持参与贸易的过程。这些人包括地方政权统治者,他们获得的份额比中间商稍多一些,最后是农民和种植户,只得到最小的份额。由于经济权力和政治权力掌握在一家之手,只被用来为荷属东印度公司股东最大最快获利这一狭隘经济目的服务,榨取制度得以畅行无阻。当今时代,在现代生活中,如果政治权力控制好并与商业力量影响脱钩,使之掌握在为更广大的社会、人民或民族谋利的机构手中,就能避免出现榨取制度。这种机构就是政府或国家。政府行使政治权力,与商业群体行使经济权力并行不悖。政府的作用是担当维护和确保公共利益的平衡者甚至常常是调控者。榨取制度(或者借用一个更激进的词汇"剥削制度")从本质上看,只要相关方面存在议价力差异,就总会存在并产生。这是直到今天在现实世界中也无法规避的生活现状。但只要政府真正发挥大众利益保护人的作用,就可以尽量将其最小化。需要强调的是,政治权力与经济权力相互制约并不必然意味着二者势不两立,也不必然意味着彼此"视同仇敌"。理想的情况是,政治权力和经济权力能找到结合点,即共同为民族的长远目标而协同发力。政府和企业是在民族的长远利益这把大伞下相互独立、相互制约、相互补充、相互作用的。一旦出于各种原因,政治权力被狭隘经济利益操控驾驭,我们就会回到荷属东印度公司时代的状况。

第二,权力集中与权力分散之间的平衡或者说是中央和地方的权力和责任平衡问题,值得我们思考。荷属东印度公司时期,努山塔拉群岛地区就是权力分散的极端例子——各地都有全面自主权。荷属东印度公司一眼就发现了这一弱点的缝隙——缺乏统一的议价权,容易从商业、外交和军事上各个击破。最终,整个努山塔拉群岛地区全盘皆输。地方自治和分权有许多潜在益处,但要有不可逾越的雷池。有些共同利益只能通过中央管理体制才能有效实现。支持分权自治的人应始终牢记界限。迄今为止以及未来一段时期,我们仍处在为印度尼西亚寻找适当平衡点的发展阶段。

综述

1. 17世纪,努山塔拉群岛地区是一个个在一定地域组成了基本独立的经济单元的社会政治单元的集合体。这些单元通常不是封闭的;它们已习惯于相互之间以及和域外国家建立贸易关系。本地区从一开始就是纷繁忙碌的世界贸易通道的一部分。

2. 贸易推动了地区间的生产分工,创造了贸易收益。贸易收益没有平均分配,欧洲贸易公司获得绝大部分,其次是华人、阿拉伯人和马来人(印度尼西亚人),最后是农民和种植户。

3. 贸易刺激了货币化,货币化刺激了市场经济体制的扩大。如今,无论货币化还是市场机制扩大化过程都未完成。

4. 18世纪末之前,荷属东印度公司通过外交和军事行动,控制了爪哇岛大部、马鲁古和苏门答腊、加里曼丹、苏拉威西的贸易集散地。该公司本身从一个一般贸易公司变成其控制地域的类似政府或"摄政政权"。政治权力和经济权力皆被其一手独揽,用来最大程度地开发资源和人口,实行纯粹榨取制。荷属东印度公司通过当地统治者采用了间接剥削方式。

5. 印尼经历过长期经济增长期(1450—1680)、停滞衰退期(1680—1750)、复苏期(1750—1820)。

6. 由于榨取式管理,经济增长不能成为衡量生活水平的正面指数。增长收益都被荷属东印度公司、当地统治集团、中间商享有,绝大多数人仍然生活贫困——只够维生——正如马尔萨斯描述的那样。

7. 榨取制度并不创造基于持续提高生产力的长期可持续经济增长。18世纪末,努山塔拉群岛地区居民的生活福利和经济发展程度与两个世纪前几乎同一水平。

第 二 章

19世纪和20世纪初:建设殖民经济体系

荷兰政府接管荷属东印度公司

18世纪下半叶,荷属东印度公司在经历长期亏损后终于破产。该公司既拥有贸易垄断权,又掌握对其管辖和影响下的地区居民征收各种税赋、强迫劳役的权力,管辖地不断扩大,但亏损却不断增加。

为什么?究竟发生了什么?

其中一个原因是,欧洲政治经济形势发生了变化。1781—1784年荷英战争,1794—1795年法国占领荷兰,两大事件严重影响荷属东印度公司的业绩。同时,来自英国、法国、丹麦商人的竞争日益激烈,尤其是英国商人势头强劲,导致公司获利持续缩减。

此外,更重要的原因是公司内部出了问题。公司高层的报告指出,利润下降的主要原因是印尼种植园生产力下降。这是冠冕堂皇的说法,事实并非如此。当时的各种观察材料和报告显示,种植园的生产力从技术角度看并未下降,而公司报表中的产值却下降了。这种现象出现的缘由只有一个:公司内部贪污盛行。本来数额巨大的经济利润,在经历从印尼种植园到欧洲销售地的漫长旅途中被"遗漏"了。各个层面都发生了这种扭曲。主要贸易活动之外的收入也漏记了。荷属东印度公司在控制区内行使"管辖权"，征收土地、货物流通税、进口税，垄断纺织品、鸦片进口以及收取其他苛捐杂费，这些收入也缩水了。大笔的钱进了公司官员和与其勾结的当地显贵的腰包。荷属东印度公司的坍塌是因为内部溃烂了。

建设殖民政府体系

长话短说，由于一直亏损，1799年荷属东印度公司被清盘。1800年，该公司所有资产被荷兰政府接管并自己经营。这揭开了印度尼西亚正式成为荷兰殖民地的一页。此后，荷兰逐渐建立了殖民地"国家"政府架构，打造了现代官僚体系、法律体系、金融体系和现代基础设施网络。19世纪是殖民政府体系在印尼强化完善的时期。伴随着这一管制体系的强化，有序的领土扩张也进一步加大力度。20世纪初，荷兰的实际管辖权已覆盖我们今天所知的印度尼西亚全境。

值得注意的是，荷兰殖民统治制度与荷属东印度公司的榨取制度有一个根本区别，即荷兰在印尼的存在要旨发生了转变。荷属东印度公司作为一家贸易公司从事一切活动，包括领土扩张都是围绕一个主要目的：为股东们在最短时间内获取最大利润。作为贸易公司，只要有利可图，他们就在印尼呆下去；一旦无钱可赚，他们并不承诺会继续住在印尼。而殖民政府建立新制度的出发点则是基于将印度尼西亚视为荷兰王国不可分割的一部分，现在如此，永远如此。

殖民政府制度支撑的殖民地经济体制是在获取经济利润上更加现代、更有效益、更能持续（sustainable）的榨取制度，而且在接下来的发展阶段，兴许还有人道因素（参见"道义政策"次章，第25—26页）。此后，荷属东印度成为荷兰王国政府体制、政治体制的一部分。在荷兰内阁里,设立了一位部长(大臣)负责荷属东印度及其他殖民地事务。

建立殖民政府体制经过了三个漫长阶段,进程充满曲折。

1800—1830 年:初始阶段[①]

丹德尔斯。1789 年发生的法国大革命在欧洲各个生活领域刮起变革之风。其中一个就是平等、自由和公民权思想的诞生。此外,在官僚遴选上出现了崇尚精英的精神——选贤任能而不是世袭承继。与其他欧洲国家一样,荷兰也出现了注重在政治经济生活中建立政府秩序和公民权利的新思想。18 世纪末,人们越来越多地鼓吹"现代"官僚体制的思想和给予私人实体在经济领域发挥更大作用空间的思想。

1808 年,在荷兰国王任命一位新思想的信奉者丹德尔斯出任荷属东印度总督后,新思想最终也传播到殖民地,成为实际举措。丹德尔斯在 1808—1811 年短暂的任期内推行了如下重要改革:

- 通过将公共职能与商业职能相互剥离,改革荷属东印度公司遗留的官僚体制。他希望官僚系统只履行公共职能。商业/经济活动最好交由私营部门去做。这就是现代官僚的思想!

- 取消世袭爵位的传统统治者的特权,废除几种强迫劳动形式,尽可能削减之前被荷属东印度公司利用的"封建"官僚的作用,这在当时是开一代风气的先进思想,无疑会招致不少人抵制。

- 修建连接阿涅尔至帕纳鲁坎的道路[②],支持官僚体系改革。这一

[①] 主要引源:Van Zanden dan Marks(2012),Bab 3,dan Dick dkk.(2002),Bab 3。

[②] 又称"丹德尔斯路""大驿路",横贯爪哇岛北海岸,西起爪哇岛西海岸万丹境内的阿涅尔,东至东爪哇东海岸帕纳鲁坎,全长约 1000 公里,1807—1808 年修建,最初用途是建立香料运输网络和快速通信驿站联络。有数据显示,修建该公路造成的印尼人死亡人数超过 2.4 万。后几经修复改造,现成为贯穿爪哇北海岸、全长 1316 公里的大动脉"北岸公路"(Jl. Pantura)的重要组成部分。——译注

基础设施遗产至今还冠以"丹德尔斯路"之名。具有讽刺意味的是,这项大工程是靠着他从思想意识上不喜欢的强迫劳动制度才完工的。

莱佛士。 上述改革举措未推行多久,出现了政权轮替。荷法联盟对英战败,使得荷兰被迫将爪哇岛和其他领土割让给英国。英国治理荷属东印度5年(1811—1816),任命莱佛士出任新总督。莱佛士是一位革新者。他实行的最主要改革是对国家土地实行现代土地税制。他的计划是,以这种税制取代并废除对公众实行的所有强制岁入、贡赋等封建税赋,按照土地肥瘠度对收成征收1/4或1/2的税。这也是现代思想。但在实行过程中,不得不结合爪哇实际情况作出妥协。首先,由于没有可靠的土地及耕者登记数据,政府被迫依靠当地统治者的自行决定和配合,其后果是现场统计可能滥权。其次,也许出于预算要求,莱佛士不得不将部分国家土地出售给(欧洲)私人业主,而后者的行为方式与传统统治者大同小异,即对自己土地上的居民征收各种杂税、实行强制劳动。

范·德·卡佩伦。 新风劲吹,政府官僚体制改革思想依然活跃和持续。1816年,荷属东印度被归还荷兰,新上任的总督范·德·卡佩伦继续采取如下措施:[①]

- 首次系统搜集爪哇经济、公众信息和数据,主要目的是提高税收。
- 从荷兰雇佣新人支持官僚改革。这一举措对预算造成影响。
- 弱化传统"官僚"作用,如允许农民不经村长许可直接向买家出售物产。但该规定由于遭到地方统治者抵制、农民自身尚未做好准备而无法实行。

在发展过程中,整顿改革政府的举措最终半途而废。主要原因有二:第

---

① Van Zanden dan Marks(2012),h.42.

一，地方统治者强烈抵制这种削弱其传统权力的现代化举措。在推广地区，殖民政府行政官员与传统"官僚体制"官员之间摩擦日增，对国家收入造成消极影响；第二，官僚改革加重了荷兰政府的财政负担，新税制带来的增收无法平衡改革吏治的支出增长；迪波内格罗战争（1825—1830）①爆发造成荷属东印度政府预算赤字上升。荷兰王国原本指望殖民地创收，反倒背上重负，最终不得不改弦更张，将提高殖民地收入放在首位，吏治改革退居其次，甚至为了获取超额利润，重拾荷属东印度公司时期一些苛政做法。

1830—1870 年：强迫种植制②

殖民地的经济利润。1830 年始，荷兰政府决定以爪哇为中心点实行强迫种植制（cultuurstelsel）。这一制度与荷属东印度公司时期的精神实质完全相同，即从殖民地最大程度地榨取经济利润，只不过角色换成了荷属东印度政府。按照制度要求，人民每年必须按规定数量向政府各个采集中心缴纳欧洲市场畅销的咖啡、糖、蓝靛染料等大宗商品。政府自我定价"购买"这些劳动成果，再运往欧洲拍卖，从在爪哇的"采购价"和欧洲的"拍卖价"差额

---

① 迪波内格罗战争（Perang Diponegoro），在英国和荷兰史书中又称"爪哇战争"，系因英国、后为荷兰殖民政府干预日惹宫廷政治、推行强迫种植制，时任总督范·德·卡佩伦推出租偿土地及各种税收新规损害爪哇王公和农民利益造成双方以及华族与爪哇人矛盾激化引发，直接导火索是荷兰当地郡长斯密赛尔特（Smissart）修建道路经过迪波内格罗祖先陵墓，迪波内格罗亲王作为日惹苏丹二世王妃之子，2 岁的日惹苏丹五世王叔父、摄政王以"誓死捍卫每寸土地"为口号率众武装起义，荷方投入来自欧洲的军队、爪哇及外岛雇佣军 5 万人，迪波内格罗的反抗军约 10 万人，其中有部分华人武装，战争遍及全爪哇数十个城镇和广大农村，从 1825—1830 年持续 5 年，后因迪波内格罗被俘遭流放而告终。迪于 1855 年 1 月 8 日死于流放中。爪哇战争造成荷方军队伤亡 1.5 万人（欧洲人 8000，当地人雇佣军 7000）、迪波内格罗义军阵亡 2 万人，民兵及平民死亡 20 万。战后爪哇人口锐减一半。华族在这场战争中遭受大规模攻击和杀戮，与当地爪哇人关系陷入紧张。日惹王宫曾长期将迪波内格罗视为叛逆而不允许其子孙进入王宫，直至日惹九世苏丹（印尼独立后曾担任国防部长、副总统）发布特赦才获准进入。如今，印尼共和国将迪视为反抗荷兰殖民统治的民族英雄。——译注
② Van Zanden dan Marks（2012），Bab 4.

中赚取利润。这种以"资利增值"(batig slot)著称的利润直接进了荷兰王国的收支预算。

从爪哇吸食的这一经济利润数额十分巨大。一项研究估计,每年爪哇平均6%的国内生产总值通过强迫种植制被转移到荷兰。在荷兰经济结构中,"资利增值"约占其年度收支预算的1/3、国内生产总值的近4%。

利用当地官吏。如何实行这一制度呢?殖民政府官僚数量少,不能自己推行。政府只能笼络利用县长、村长等地方掌权者,而在糖业等领域,主要用华裔商人在现场打头阵。为了鼓励多缴收成,对殖民政府行政官吏、县长、村长等,按照缴纳数量多少,发放类似于奖金的"种植收入提成"(cultuur procenten)。

这一制度的重负主要落到爪哇权力金字塔最底层人群,即农民、种植户、村民的头上。他们既无权决定缴纳的土产数量,也无权定价。更有甚者,在实际执行中,他们还得承担许多非正规的附加负担。起初,强迫种植制的义务缴纳规定是为了"取代"过去一些主要义务和各种捐税。但实际上,在不少地区,强迫种植制的缴纳义务是叠加在之前实行的诸多义务之上。不仅如此,很多地区都出现了县长、村官滥用权力,不顾收成强迫民众超额缴纳,以便据为己有或者领取更多"种植收入提成"的情况。前勒巴克郡长戴维斯·德克尔笔名穆尔塔杜里的著作《马克斯·哈佛拉尔》[①]淋漓尽致地描述了上述情况,该书在荷兰印制发行,推动了强迫种植制的改变。

---

① 《马克斯·哈佛拉尔(Max Havelaar)》,全称《马克斯·哈佛拉尔,荷兰咖啡公司的拍卖纪实》,是荷兰19世纪著名人道主义者戴维斯·德克尔(笔名穆尔塔杜里)根据亲身经历创作的纪实小说,讲述荷兰商人的贪婪冷酷和"强迫种植制"给爪哇农民带来的苦难,其中穿插爪哇少年赛加和少女艾丁达凄婉动人的爱情故事。作品唤醒了荷兰人的良知,影响了荷兰王国政府对印尼殖民地政策的改变,并对苏加诺等印尼独立运动先驱起到启蒙作用。印尼著名作家普拉姆迪亚·阿南达·杜尔称"这部作品杀死了殖民主义"。20世纪70年代,由荷兰与印尼合作拍成电影。2007年,荷兰一家报纸评选"历史上最流行的十大荷兰语小说",该书位列第三。——译注

知识盒 2.1

指令经济制

从本质上看,强迫种植制是一种利用爪哇社会结构的指令经济制。如同历史上其他指令经济制一样,强迫种植制最初使得一些出口商品的产量显著提高,但最终由于相应的激励措施并未给该制度的主要支柱即农民、种植户和普通村民带来实惠,因此无法持续。指令经济制不允许从事经济活动者按照经济效益规律以"市场价"为"信号"作出估算和决策,于是出现了经济的无效积累(akumulasi inefisiensi),造成了沉重负担,最终导致该制度解体。

然而,一个不可否认的事实是,强迫种植制挽救了荷兰王国的财政。但是,与之前的榨取制一样,国内产值上去了,当地人民的生活水平却没有提高。到了19世纪中叶,即1840年左右,当该制度大行其道登峰造极时,发生了大规模作物歉收,造成爪哇居民陷入饥荒和贫困。关于现场滥权及相关事件的报告纷纷上呈,促使荷兰不得不改弦易辙。1850年后,出现各种松动调整,1870年后,终止实行该制度,改为推行新经济政策,即自由经济政策。新政策的推行奠定了荷属东印度经济生活的新基础,一直持续到世界大萧条袭来之时。

1870—1933 年:自由经济政策[①]

19世纪中叶,荷兰政治生态发生重要变化,新上台的政府信奉自由主义

---

① Dick dkk.(2002),Bab 3,dan Van Zanden dan Marks(2012),Bab 5.

思想，更加注重社会、经济和政治生活中的个人权利和自由。政治气氛的改变对殖民地的经济生活产生了重要影响。建立在政府垄断基础上的强迫种植制被废除，取而代之的是基于自愿和开放经济的政策。新政策的实质是对私企全面开放在荷属东印度的投资经商，政府职能仅限于行政管理。新制度下，至少保证从原则上不再强迫民众从事经济活动，包括在土地和劳力的使用上。原则上，所有交易和经营活动都以自愿原则和自由市场机制为基础。但在实际生活中，对农民、种植户和普通大众的各种命令和强迫劳役行为依然屡见不鲜。

1870年成为发生根本性改变的重要节点。当年，两个重要法规出台：土地法和糖业法。土地法允许私企业主按年租用本土居民的稻田，还可从政府手中租用居民的非农用地75年。糖业法废除了强迫种植糖制，当时，糖与咖啡同为非常重要的出口商品。这两个法规对荷属东印度经济的影响并未立竿见影，但在二十多年后却从根本上真正改变了当地的经济形态。

殖民政府不断强化法律体系、行政机构和财经制度，加紧建设基础设施网络，继续推行新政，吸引了大批私人投资者纷至沓来。爪哇和外岛开垦了新种植园。新园投资者采用种植新工艺和新技术，产量远远超过强迫种植制时期作为支柱的村民种植园。同时，大笔投资开始进入矿业，接着是商业、金融业和制造业。从20世纪初到1930年世界大萧条前，在大宗出口商品价格良好的支撑下，荷属东印度经济增长迅速，殖民经济体制进入黄金时代。荷属东印度经济业绩被公认为世界最好的之一。这种繁荣甚至也"滴灌"了荷属东印度的大多数居民，生活良好有序。我们的父辈都很恋旧，怀念那个"正常年代"。但历史后来证明，前面等候我们的将是一个艰难的年代。表2.1显示了荷属东印度时期出口的惊人增长。

表 2.1　1874—1914 年印度尼西亚出口

（以百万荷兰盾计算）

商品	1844	1914	变化(%)
糖	50	183	+266
咖啡	68	23	-66
茶叶	3	27	+800
香料	6	14	+133
烟草	11	64	+482
椰干	0	61	++
锡	5	41	+720
石油	0	137	++
橡胶	0	27	++
产地：			
爪哇+马都拉	144	360	+150
外岛	25	324	+1196
印尼	169	685	+305

资料来源：Van Zanden dan Marks(2012)，h.85。

殖民政府体制形成[1]

本章开头我们提到，19 世纪初，建设现代政府体制的努力开始起步。在强迫种植制时期，这一努力陷入停滞甚至倒退，在接下来的自由经济时期，逐步恢复提速。殖民政府井然有序地退出对经济活动的直接参与，更加专注于行使监管者和提供公共服务者的职能。19 世纪末，现代殖民政府体制的主要支柱已经形成，为在荷属东印度经商投资兴业提供了坚实基础。假如没有建立公共机构和基础设施，自由经济政策是无法收获预期成果的。下面做一个简单勾勒。

---

[1] Dick dkk.(2002)，Bab 3，dan Van Zanden dan Marks(2012)，Bab 5。

政府官僚体制。最初,荷兰采取间接方式治理印尼。他们充分利用旧体制的传统官吏在一线打头阵。荷兰人则从旁指点这些传统官吏的顶头上司。1856年,颁布了一个政府规定,专门管理这种差异明显、同步并行的双重行政体制,这构成了殖民地国家行政管控制度的体系,即荷兰人做行政官(BB,Binenlands Bestuur)如郡长、副郡长,最低是督查官;当地人做地方吏(PP,Pangeh Praja)如县长、镇长、村长及其他小吏。在同一级别,荷兰官员与原住民官员对等"协调"。如果看一下管理殖民地的荷兰人数量,就能发现这一体制非常行之有效。1890年,荷属东印度只需190个行政官协调管理。这种双重行政体制运作顺畅。当时,很多观察家承认,荷属东印度的官僚体制是世界上最有效的殖民行政制度。

法律体系。法律体系也体现了双重标准。本地居民服从习惯法,欧洲人(公司和其他现代产业的经营实体)则服从取自荷兰法律体系的殖民地法律体系。荷兰法律适用于印尼全境,为欧洲企业家提供了法律保障。法律保障进一步刺激了大规模的私人投资,特别是在1870年后。但殖民政府忽视建设适用于本地居民和小企业的法律体系。法律体系的双重标准最终导致两大群体经济发达程度严重失衡的两极化。

金融制度。金融方面出现重要进展。1826年,爪哇银行(De Javasche Bank)成立,职能是发行货币,即在荷属东印度发行荷兰盾作为主要交易工具。随着荷属东印度经济货币化不断提升,爪哇银行发行的货币最终将各种流通货币挤出市场,使荷属东印度形成统一的标准货币,现代金融制度得以确立。

基础设施。支撑殖民经济体制建设的一个重要支柱,是联通各地的交通基础设施体系。这一体系影响广泛,不仅提高了经济生产力,降低了物流成本,而且更重要的是,使荷属东印度在政治社会经济上逐渐实现了统一。

下面列举一下建成的几个基础设施项目。①

丹德尔斯在短暂任期内建成了连接帕纳鲁坎和阿涅尔的公路。在海运方面,1830 年,爪哇北海岸城市通航;1845 年,爪哇—新加坡—欧洲航线开通;1852 年,开通爪哇—外岛航线。通信方面,1855 年,巴达维亚—日惹通电报,之后逐步覆盖全爪哇岛;1871 年,开通国际电报。铁路方面,1867—1873 年,修建了日惹—梭罗—三宝垄铁路,之后连通东爪哇和西爪哇。水利方面,20 世纪初,开始在爪哇逐步建立现代灌溉体系。

1900—1930 年:道义政策

荷兰政治生态的变化不仅影响荷属东印度政府的经济政策,也影响了社会政策。20 世纪初始,所谓的道义政策开始推行。推出该政策是因为荷兰民众的主流看法认为应该向荷属东印度居民"报恩"。强制种植制创造的经济利润挽救了荷兰,使之免于破产。实行这种偿还良心债的政策,主要体现在改善殖民地居民福利的计划中,集中在水利、教育、移民三个方面。1901 年起,荷属东印度政府通过预算拨款支持上述计划,一直有效实施到 20 年代中叶,之后逐年削减;30 年代初,由于资金短缺而终止。通过实行道义政策计划,主要农产区修建了现代水利系统;一些地方建起质量较好、数量有限的现代学校;人口过多的爪哇岛开始向外岛有组织地移民。尽管道义政策的投入规模不大而且逐年收缩,但对荷属东印度的生活仍产生了重要影响。教育计划播下政治觉醒的种子,日后茁壮成长。

20 世纪初,民族觉醒方兴未艾,逐渐发展成谋求印尼独立的政治运动。运动的中坚动力是知识分子,其中一部分是道义政策下新教育体制培养塑

---

① Dick dkk. (2002), Bab 6.

造的。谋求印尼独立的政治斗争涉及方方面面更加宏大的历史画卷,是一个大主题,最好是在印尼政治史书中去探讨。这里,我们只需记住,国内政治的发展对荷属东印度政府的态度和政策产生了影响,可能是导致荷兰不断收缩道义政策计划乃至最后决定终止的原因之一。

人民福利

我们在之前章节指出,强迫种植制时期,爪哇岛的生产总值持续提高,但爪哇人的生活水平却始终低下。1870年后,当大量投资开始进入并带来出口产品显著提高后,是什么情景呢?当地居民的福利是否提高了?答案也许为"是",也许为"不是"。一些研究认为,在废除强迫种植制后,大多数人的生活水平改善了。爪哇岛和外岛人口增长很快,这表明卫生和基础设施有所改善,居民收入也增长了。表2.2支撑了这一观点,同时也反映了社会群体之间不断拉大的差距。

表 2.2　1880—1925年道义政策期间各族群家庭均收

(以每年弗罗林①计算)

族群	1880	1925	变动
原住民	146	201	+38%
亚洲裔	629	1179	+87%
欧洲裔	4598	6150	+34%
全体	163	270	+66%
基尼系数	0.39	0.48	+0.09%

资料来源:Van Zanden dan Marks(2012),h.118。

荷属东印度产值增长中的绝大部分(在本表中没有录入)流出了印

---

① 弗罗林(Florin)源于意大利佛罗伦萨金币,后为旧时荷兰及欧洲诸国货币单位,在荷兰及荷属殖民地与荷兰盾(guilder)同义,直到2002年采用欧元单位才停用。——译注

尼——在强迫种植制时期是以"资利增值"（batig slot）形式，在自由经济时代是以荷兰为主的外资利润回报形式。一项研究作了估算，认为在20世纪20年代流出的资金每年达荷属东印度国民收入约5%，相较其他国家，这一数字大得惊人。

表2.2中列入的余数被分配为荷属东印度居民的收入。这里出现了一个敏感问题，即族群间分配失衡。30年代一项研究表明，荷属东印度按照族群分配的人均收入水平（荷兰盾）分别是：原住民59.70；华人326.90；欧洲人2700。

殖民地国家和宗主国之间、殖民地各族群之间经济利益分配失衡，引起荷属东印度受教育群体要求社会公正的呼声不断高涨，风起云涌，逐渐发展成一场争取印尼独立的群众政治运动。

思考材料

本章中，有一个事件值得我们思考。良好的政府秩序是一个国家体制持续发展进步的基础。这是再清楚不过的事实。但是，历史上，忽视建设良好政府秩序，或任凭现有政府秩序混乱腐朽，由此导致国家或民族衰亡的例子比比皆是。荷属东印度公司从一开始就实行"特殊管理秩序"、放纵腐败，最终走向破产。公司股东只顾短期目标，一心期望快速发横财，却任由贪污腐败侵蚀内部肌体。荷兰王国政府接管荷属东印度公司后，更加深谋远虑，建立了更精致细密的政府秩序，打造了完备的官僚、法律、金融、基础设施等现代体系，期望从殖民地获得长期化的最大利益。19世纪刻录了荷兰政府建设现代殖民政府制度的曲折过程。他们成功了，荷属东印度成为世界上最富生产力和最高效管理的殖民地。以现代国家的视角看，错误只有一个，即其政治目标是为宗主国荷兰，而不是为荷属东印度获取最大经济利益！独立之后，政治目标已经"矫正"，但问题是支撑它的政府秩序和机构体系是否齐备就绪？答案也许是：尚在准备中。历史经验指出，机制建设需要坚韧不拔、有条不紊、持之以恒的长期努力。荷兰用了一个世纪做这件事。我们面临的问题是，迄今为止，我们都做了什么？我们的心态(mind set)符合必备条件吗？这点值得深思。

综述

1. 19 世纪，荷属东印度殖民政府分三个阶段强化了政府体制：一是 1800—1830 年，现代政府官僚体制开始搭建，但因荷兰王国急需从殖民地获得资金，这一当务之急、重中之重的任务导致体制建设半途而废；二是 1830—1850 年，现代官僚体制建设在强迫种植制大行其道后再次搁浅；三是 1850 年（尤其是 1870 年）后，随着自由经济全面推行，殖民政府行政制度建设发展迅速。19 世纪末，殖民政府行政体制完成建制，基础设施网络兴建起来，为大规模投资提供了支撑。

2. 自由经济政策带来经济高速增长，也给荷属东印度大多数居民带来一定好处。但社会分配严重不均。所有社会群体的人均收入都提高了，贫富差距的失衡现象同时加重。1929 年世界大萧条前夕，荷属东印度经济属于世界上业绩最好的。

3. 经济生活改善的背后，社会也出现躁动。知识分子的民族觉醒意识日益强化。社会大众也开始清醒地意识到殖民地和宗主国之间、国内社会/民族群体之间存在利益分配不均。民族觉醒催生了要求独立的政治运动，如今日益高涨。然而，接下来发生的重大经济事件，即世界经济大萧条，对经济生活造成巨大冲击，荷属东印度也在劫难逃。

第三章

1920—1950 年：从世界大萧条到战时经济

风暴来临

常言道"风暴来前，风平浪静"。以此形容世界大萧条冲击本地区前，荷属东印度良好平静的经济生活状态，是再恰当不过了。荷属东印度享受着"正常年代"。其实，从 20 年代中期起，已有征兆显示，荷属东印度倚重的大宗商品出口价格已经下跌，但没人能够预料到1929 年底后，价格会成为真正自由落体，并给这个国家带来旷日持久的严重恶果。

1929 年 10 月，纽约股市大跌。各种谣言不胫而走。最致命的是，有消息说，一些银行无力偿还客户存款。公众出现恐慌，害怕失去存款，开始涌入银行挤提。这造成了银行业运营发生资金链流动性困难并最终关门破产。银行危机爆发了。融资放贷和交易服务等日常业务完全停顿。受此影响，贸易活动和实体部门生产停滞，紧接而来的是大规模下岗失业潮。许多人失去生计和收入。公众购买力骤降。工厂生产的产品滞销，货物积压。生产商发现产品无销路，便大量减产、被迫裁员，导致公众购买力日益下降，货物无人问津，于是进一步减产裁员。恶性循环的怪圈不断持续。这种"螺旋式下降过程"称为"通缩"。如不采取拯救措施,情况会继续恶化,将经济拖入大萧条的深渊。由于各国在贸易、金融和信息上相互依存,一国出现"螺旋式下降"势必引发连锁反应,因此,上述状况从美国迅速蔓延到欧洲,再传导到其他各国,并波及荷属东印度。美国向世界输出通缩,演变成全球通缩,引发了全球经济衰退。

没过多久,荷属东印度也陷入衰退。出口支柱商品难觅买家,价格剧跌(表3.1)。"螺旋式下降"出现。经济过度依赖出口导致广大公众很快蒙受惨重损失。

表3.1　1929—1932/34年荷属东印度大宗商品出口价格

(单位:荷兰盾/百公斤)

商品	1929	1932/34	变动(%)
橡胶	0.54	0.08	−85
椰干	22.3	4.75	−80
咖啡	89.6	19.8	−78
糖	13.7	3.7	−73
锡	243.4	115.7	−53

资料来源:Dick dkk.(2002),h.155。

1930年起,荷属东印度生产总值持续萎缩,到30年代中期跌落到谷底,之后才一点点好起来。大萧条对荷属东印度的影响超过世界其他地区。其中一个原因是,政府采取了错误政策,直到1936年仍维持金本位制,而其他竞争对象国已经弃用。该政策使得荷属东印度的出口商品价格昂贵、竞争力丧失。

国内影响更为深广。所有社会群体的居民收入急剧下降,只剩下衰退前的1/4。由于公众购买力减弱,国内物价不断下跌。例如,大米价格下跌36%,致使与出口产业无关联的传统经济领域的农民收入出现锐减!现代经济领域出现大规模下岗潮,特别是种植业。大量下岗人员返乡,从事各种营生糊口或成为隐性失业者。大萧条时代在当地人民的记忆中是"萎靡不振时代"或"堕入歧途时代"。

政策应对

整顿国内经济结构。大萧条时代的惨痛经历擦亮了荷属东印度政府的眼睛,使之看到过度依赖外界孕育着高风险。"进出口经济"只依靠几种出口商品且生活必需品严重依赖进口,易受世界经济风波冲击。这种经济结构实际上是之前政府政策造成的后果,当时实行的是百分之百依靠自由贸易的政策。20世纪初开始,在1/4世纪中,当主要出口商品价格不错时,荷属东印度从对全球市场的开放和依存中获得巨大利润。当全球市场突然瘫痪时,一切都掉头向下。这时人们才开始意识到,完全依靠全球市场、忽视国内经济支柱建设会带来严重后果。政府开始觉察到,一方面需保持对世界市场的开放和依存,另一方面需建立本国能够抵御震荡的经济结构,二者之间必须建立平衡。建立平衡不能只交给市场机制或自由市场,国家必须在方向和政策支持上发挥积极作用。

保护主义和进口替代。统治集团开始转变思维。世界大萧条使得荷属东印度政府从根本上改变政策方向。大宗出口商品之外的经济领域,尤其是能取代进口商品的工业和食品业加紧建立。政府纲举目张,1933年成为转折点。当年,从1879年开始实行的自由贸易政策正式取消,对国内生活必需品的进口采取了限制数量的细化配额制,为的是给国内工业提供发展空间。进口管理政策另有用意,从政府角度看重要性不亚于前者,那就是保护荷兰企业家控制的内贸网络,使之免于受控国外尤其是日本企业的威胁。当时,日本正强势采取倾销战略,试图楔入荷属东印度贸易网络。

1934年,通过在各工业部门实行规范产能的许可证制度,保护国内产业和贸易的政策得到强化。当时,政府把注意力放在小型工业,特别是纺织业上。第二次世界大战爆发前,国内工业通过生产政府备战的采购订单,获得新的发展动力。读者在后面章节可以看到,在一些特定时期,尽管形势变了,但印尼共和国一些经济政策决策者也曾主张采取类似政策。

成效如何? 总的看,荷属东印度政府政策收到成效。1933—1942年,国内工业建设取得长足发展。以西爪哇为中心的纺织工业成长迅速。1931年仅有500台非机械纺织工具(ATBM),其后猛增到49000台非机械纺织工具和9800台机械纺织工具(ATM)。一些知名品牌如通用电气、固特异轮胎、联合利华、巴塔制鞋等开始来建厂。同时,国内各种消费必需品如肥皂、灯泡、自行车、金属制品、油漆等生产也迅速提高。加工业在国内生产总值中的份额从1931年的8%升至1941年的12%。

让我们更深入地理解这一战略的运作吧。在工业化战略文献中,根据各国经验,一些专家将进口替代工业建设分为两个阶段:初始阶段或称"容易阶段",后续阶段或称"困难阶段"。荷属东印度当时处于"容易阶段"。通过温和干预,国内工业会应声建立。在后续阶段,政府需要更多干预和介入,来获得同样响应。但是,出台的规定和许可越多,政策留给贪污和官商勾结的空子也越多。采取过度保护政策,不仅加重消费者负担(其利益必须得到重视),而且也为走私留下漏洞。涣散的官僚机构、商业利益和无孔不入的政治利益合流,对工业化政策构成致命伤害。荷属东印度政府官僚机构是世界上效率最高的政府。他们实行的政策条规齐全、监管严密,这是取得成功的关键。印尼独立时期,这点未能做到。决策者应善于审时度势,明断此类政策何时行之有利,何时贻害各方。

由于1942年荷属东印度落入日本手中,我们无法看到荷属东印度政府政策延续的结果。荷兰殖民时代终结了,从40年代开始,这个国家进入充满动荡的时期,形势完全失常。

1942—1945 年：日本占领时期

战争经济。40 年代的印尼经济生活可用一个词语概括,即"战争经济"生活。这个时期,世界发生了比经济衰退影响更为深远的重大事件,印尼也不能幸免。第二次世界大战爆发了。在欧洲,一国接一国沦陷德国之手。在亚洲,尤其是东亚和东南亚,一国接一国沦陷日本之手。1942 年,英国最坚固的堡垒新加坡沦陷,没过多久,印尼沦陷。1942 年 3 月,荷兰投降。荷兰在印尼漫长的殖民统治走向终结,但只是被更加残酷和掠夺性的统治取而代之。

在被日本占领三年半的岁月里,印尼经济运行始终处于战时紧急状态。这种经济体制的一个主要特征是,所有生活都按战争当局的规定管理。和平时期的机构被冻结;压倒一切的目标是赢得战争,这是"共同"利益;个人行动空间大大受限。经济运行完全服从"命令"(命令经济,command economy);市场机制的自愿交易只在当局恰好不管的剩余经济生活的狭窄且不断萎缩的缝隙中进行。

战争当局的主要经济利益是把印尼变成支持日本战争的支柱。意思是所有经济活动围绕生产支援战争的物品和原料而展开,不是为满足人民的生活需要。石油、矿产和粮食生产都为前线日军服务。印尼民众只能获得"残羹剩饭"。原则上说,这种制度与殖民制度毫无差异,都是为了从印尼尽可能地榨取经济利益以满足"祖国"需要。不同的是榨取手段。荷兰时期是以强迫种植制和"自由"体制,日本时期则是以军政权的发号施令。日语称做"劳工"(romusa)的强迫劳动制比强迫种植制更加野蛮残忍。日占时期,印尼民众的生活水平严重下降,远比"萎靡不振"高峰期的生活恶劣。日用必需品极度缺乏,忍饥挨饿成为常态。

战争经济体制的另一个主要特征是与外界完全隔绝。战争切断了该地区与其他国家的正常关系,印尼经济由之前与外部世界融为一体的开放性经济突然变成封闭性经济。海上运输工具全部征调为战争服务。将开放性经济封闭锁国的结果是,使经济走向我们第一章探讨内容的反面,即外贸利润一下子归零了。更有甚者,起初所有服务于国外市场的生产工具和生产设施不得不迅速改变功能,转变为一切满足国内需要。相比此前推行的进口替代政策来说,这一举措更加激烈。将开放性经济转变为封闭性经济是一个伤筋动骨和需要高经济成本的过程。

经济状况。 日占时期,生产工具和生产设施遭到严重破坏。一部分是因为荷兰实行焦土政治,另一部分是因为没有足够的维护修复。后果是,许多领域的生产力急剧下降。经济出现倒退,主要原因包括:无效率的命令经济体制,与外界断绝联系,缺少交通工具、生产工具和设施被破坏等。国内经济生活的数量和质量一落千丈。

以下是当时经济下降的几个数据(表 3.2)。

表 3.2　1942—1945 年几种重要商品的产量

(单位:千吨)

商品	1942	1945	变动(%)
水稻(爪)	8491	5495	-35
旱稻(爪)	493	169	-66
玉米(爪)	1904	967	-49
木薯(爪)	8411	3240	-61
番薯(爪)	1407	1511	+7
花生(爪)	196	55	-72
大豆	293	71	-76
石油(爪)	6500	850	-87
糖(印)	…	…	-70
橡胶(爪+苏)	…	…	-80
	…	…	-90

资料来源:Van Zanden dan Marks(2012),hh.134-135。
说明:爪:爪哇;印:印尼;爪+苏:爪哇+苏门答腊;…:无数据。

对我们这个民族来说，这个时期不仅是"低迷"时期，更是全面困苦时期。如果说日本占领对印尼还有一丁点积极影响的话，那只是在政治方面。日本占领结束了数百年来主导该地区生活的荷兰殖民统治及其支撑体制和机制。日本对本地的政府行政体制进行了全面改造。荷兰行政官和本土地方官双重治理的行政体制被拆散弃用，代之以全面受战争当局控制的统一行政体制。尽管日本人掌握了一些关键职位，但也雇用一些印尼知识分子以填补荷兰官员留下的空缺。这一时期为印尼人提供了黄金机会，使他们得以进入从未向其敞开的各个政府部门，获得了管理的直接经验。

1945—1949 年：革命时期

持续冲突的环境。 1945 年 8 月，日本向盟军投降。这一重大事件为世代居住在这片土地的印尼民族提供了千载难逢的历史机遇。印尼民族领袖们在策略上巧妙利用权力真空期，睿智聪敏地抓住黄金时机宣布独立，这一成功创举得到人民极大拥护。接下来的四年，新生的印度尼西亚共和国顽强抵抗企图重新控制殖民地的荷兰，双方进入持续冲突的时期。1947 年 7 月，荷兰发动第一次侵略；1948 年 12 月，发动第二次入侵。共和国的军队和游击队与荷兰军队展开了持续战斗。

关于革命时期波澜壮阔、可歌可泣的战斗场景，我们民族史书中已有许多记载。这里，我们只重点谈谈当时的经济。武装冲突和持续紧张使生产、贸易和经济活动受到严重干扰。荷兰为加大施压，对共和国实行海上封锁，造成经济形势更加严峻。出口无路，进口无门，生活必需品缺乏保障。虽然没有统计数据系统记录当时的经济表现，但估计国民经济产值出现急剧下降。

经济状况。 这一时期，有记载显示，生产资料遭到异常严重的破坏。一些报告甚至称,破坏程度超过日占时期。荷兰重返印尼的战略目标是企图完好无损地重新控制各种生产资料和丰富的资产。而印尼共和国采取的游击战术是在荷兰人控制之前实行焦土政策。这一切对在后一个十年进入和平时期的年轻共和国造成了深远影响。一位经济史学家这样描述40年代经济遭破坏的程度:

> 作为荷兰政府要求获得马歇尔计划(作者注:美国发起的重建计划)援助的组成部分,爪哇银行在3年前撰写的报告中简述了印尼1950年面对的问题。该文件强调,无法完整测算印尼在战时和战后所遭受的破坏,但预估了一个损失数字,即按1939年美元汇率计算,约为20亿美元,几乎相当于印尼1950年国内生产总值。该文件估算了各产业产能与战前产能的百分比。[1]

表3.3 1947年左右数个经济行业产能与战前产能之比

行业	产能(%)
粮食种植	70—75
民众经济	30—35
大种植园	20—25
渔业	50
矿业	20

资料来源:Booth(1996)。

革命时期还出现了两个高增长,一是通货膨胀居高不下;二是地方间、城乡间人口流动数量惊人。

通货膨胀是因为公众日用消费品严重短缺、无节制地发行货币所造成。物品短缺的原因是产能下降、日常生产活动受干扰、荷兰封锁造成进出口停滞;流通货币过多的原因是共和国为满足政府不断增长的行政经费和斗争

---

[1] Booth(1996)。

需要而大量印制货币,说白了,就是连年预算赤字需要不断印新钞来补窟窿。当时,国家正规的税收机制无法运作,无法征收经营税、进口税、关税等。在乱象不断的局势中,市面流通的不止一种货币,而是几种货币。有共和国中央政府发行的货币,也有地方统治者发行的"共和国币",有日占时使用的货币,还有爪哇银行发行的货币,各自有不同的商品价值。人们对每种货币的信任度也不同,对最不可靠的货币基本不存、很快转手,货币流通速度最快。爪哇银行的货币流通额不受预算赤字绑架,公众愿意持有并储存。读者也许都听说过"劣币驱逐良币"(bad money drives out good money)的"格雷欣法则"。当时的状况正应验了这一法则。后来政府进行了清理整顿。在本时期结束前夕,只剩下印尼共和国货币和爪哇银行货币两种货币。50年代初,印度尼西亚银行(其前身是1953年实行国有化的爪哇银行)发行国家货币,两种货币才合二为一。

革命时期出现的大规模人口流动对祖国社会、经济、政治生活造成深远影响。它揭开了长达几十年并持续到今天的城市化序幕。下一章将探讨这一现象。

反思

在第三章中,我们简要梳理了荷兰殖民时期、日本占领时期、40年代末武装革命时期印尼经济发展历程。这一历史进程始终贯穿着一条红线,即某个时期的经济状况都是以下三种事态互动的结果:一是采取的经济政策;二是催生和承载有关政策的政治形势;三是影响国内状况的国际局势。历史再次表明,某个时期采取的经济政策都是当时占主导的政治观念和形势的产物。经济政策总是根据当时不断变化的政治形态决定并实施的。而国内经济决策、形势以及政治观念和局势必然受到世界经济形势(如世界大萧条)和政治形势(如世界大战)变化的影响。

我们快速重温一下印尼经济发展到现阶段的历史脉络。一开始谈到荷属东印度公司为了攫取更多利润,决定采取政治措施,以外交或军事手段,直接或间接地蚕食控制印尼一块又一块土地。开疆拓土不断得手,使得该公司不再是一个平常的贸易公司,而是发展演变成一个在其领地上发号施令的政府。由于它作为贸易公司唯利是图的目的没变,目标仍是为公司股东获取最大利润,因此被称为"摄政政府"。历史也表明,为了落实经济政策,需要有执行机构和体系,也就是我们所说的"官僚体系"。荷属东印度公司能以数量有限的职员推动落实经济政策,主要得力于同地方或传统官僚建立了合伙关系。努山塔拉群岛地区从原本相对自由开放的贸易区逐渐变成一个垄断和封闭的地区。两个世纪后,由于各种原因,特别是由于管理错误和贪污腐败,荷属东印度公司破产并被荷兰政府接管。

政治形态也随之变化。印尼正式成为荷属东印度殖民地,成了荷兰王国的一部分。尽管字义与荷属东印度公司有别,但主要政治目标完全一致,都是为荷兰王国从殖民地获取最大经济利润服务。于是,实行了现代榨取制度。在整个19世纪,荷属东印度被打造成一个拥有官僚、法律、金融体系和基础设施网络的一整套政府管理体制的地区,成了荷兰王国的一个"海外州"。

为上述政治目标服务的经济政策随着时间推移而改变。起初,执政者通过政府官僚机构加上传统官吏配合,全面推行强迫种植制。后来,因为荷兰国内政治形势变化,改为对私企扩大开放和奉行自由贸易原则的"自由"经济政策,荷兰王国不再垄断荷属东印度创造的"经济利润"。

20世纪前30年,"自由"殖民经济进入鼎盛时期,经济成就大大超过荷属东印度公司时期和强迫种植制时期。新政策为荷属东印度注入新活力。大规模投资到来,不仅带来资金,而且带来新技术。新土地也得到开发。这一变化的背后,出现了根本性变化:建立了高效率殖民政府行政体制、明晰的法律体系、更加广泛的基础设施网络。这为自由经济体制取得成功提供了重要基础保障。印尼出口商品如糖、橡胶、烟草、锡、石油等大幅增长。繁荣也"滋润"了荷属东印度民众,生活变得安定有序。

但在20世纪第三个十年后期,形势突变。严重的经济衰退造成世界动荡,高度开放的荷属东印度经济直接遭受重创。一种政治意识逐渐萌生,认为在外界风波下,过于开放的经济格外脆弱,应舍弃自由贸易政策,改变政治意志,实施进口管理政策、许可证制度,对国内产业给予各种扶持措施等,来"保护"国内产业和贸易。

时隔不久,二战爆发。日本掌控了印尼,政治生态再次剧变。印尼经济变成了"战争经济"。市场机制的自愿交易被明令禁止,命令经济取而代之。印尼完全与外界隔绝,生产资料受到极大破坏。三年半的岁月充满极度苦难。之后,政治生态又一次生变。刚刚宣布独立的印度尼西亚共和国不得不面对与荷兰的持续冲突。安全形势和政治形势充满不确定性,使得经济政策无法连贯、难以持续。可见,经济和政治的关系如同一枚硬币的两面。

综述

1. 世界大萧条始于纽约,并迅速蔓延全世界。通缩出现,人心恐慌,银行危机,实体经济停滞。人们下岗失业,公众购买力下降,滞销商品增多,生产商减产裁员,购买力直线下降,滞销商品骤然猛增,生产商进一步减产,循环往复,无休无止。

2. 荷属东印度饱受冲击,主要出口商品价格暴跌。通缩不仅影响现代产业,也重创传统产业。由于政府仍坚持被其他国家抛弃的金本位制,荷属东印度的衰退比其他国家时间更长。

3. 提高国内经济抗御世界经济动荡风险的意识出现了。自由贸易政策被摒弃,采取了强化国内经济结构、减少过度依赖进口的进口替代政策和规定。在日本人1942年到来前,印尼国内生产不断提高。进口替代政策能够奏效的原因是还处在"容易阶段",官僚机构的效率给予了支持。

4. 1942年荷兰在印尼的政府向日本投降,结束了荷兰对印尼数百年的殖民统治,开启了三年半残酷的日本占领时期。印尼经济成了"战争经济"。所有经济活动只为日本战争需要,而不是为大众利益服务。战争当局通过"命令"来保证经济运行,市场机制的自愿交易极为有限,只能在统治者管不到的经济领域的狭小夹缝中进行。人民生活水平严重下降。

5. 1945年8月日本投降之后4年间,新成立的印度尼西亚共和国抗击企图重新控制殖民地的荷兰,印尼经历了持续冲突的年代。革命时期的经济景象是:各领域生产能力遭到严重破坏,国内生产一落千丈,日常生产和经商贸易严重受阻,荷兰实施海上封锁。为弥补预算赤字而大量发行货币导致通货膨胀居高不下。期间还发生了地区之间大规模的人口迁移,对社会经济生活造成了各种消极影响。

6. 通过简要回顾三个多世纪印尼经济历程,可以看到,经济和政治如同一枚硬币的两面。一般来说,政治可以左右经济。政治观念和政治目标决定了采取的经济政策的特质是为达到目标服务。这个主题贯穿整个时代。

第二部分

独立后时期

第 四 章

1950—1965 年：巩固、停滞、恶性通胀

　　本章探讨的是独立最初十年印尼经济历程。1949 年底，印尼与荷兰在圆桌会议（KMB）① 上达成协议，结束冲突。这次外交努力不仅平息了战火，而且在 1950 年促使国际社会承认印尼是主权独立的国家。争取印尼独立并获得国际承认的长期努力终于大功告成。现在，印尼面对同样严重和复杂的新挑战，即如何建设独立国家、提高人民生活水平。

1950—1957 年：议会民主时期

　　进入 50 年代，年轻的共和国面临一系列政治和经济难题。

---

① 圆桌会议（KMB）系指在联合国斡旋下，1949 年 8 月 23 日至 11 月 2 日在荷兰海牙召开的印尼共和国、荷兰及荷兰制造的印尼群岛独立小国参加，联合国安理会多个常任理事国及部分会员国参加的旨在解决印尼与荷兰武装冲突的国际会议，会议的结果是印尼作出承担荷属东印度政府的 43 亿荷兰盾债务、特殊照顾荷兰在印尼的经济利益、搁置西巴布亚地位问题、成立荷兰—印尼联邦并尊荷兰领导人为国家元首等多方面让步，获得荷兰向印尼共和国联邦移交主权，圆桌会议达成协议后，1949 年 12 月 27 日，印尼联邦共和国临时政府成立，苏加诺任总统，哈达任总理。此后，尽管印尼取消了联邦，宣布成立统一的共和国，并确定 1945 年 8 月 17 日为独立建国日，但荷兰一直只承认 1949 年 12 月 30 日为主权移交日，直至 2005 年 8 月 15 日时任荷兰首相本·波特就"荷兰给印尼带来的所有苦难表示最深刻的歉意"，荷兰才实际承认印尼 1945 年独立。——译注

政治不稳。年轻共和国的道路并非一帆风顺。政治形势不利。与其他新独立国家一样,印尼面临的问题是政治体制尚未良好运作,民族团结意识远未牢固。

表 4.1 议会民主时期的内阁

总理	就职	任期
哈达	1949.12.19	5 个月 18 天
纳席尔	1950.9.6	6 个月 15 天
苏吉曼	1951.4.18	10 个月 5 天
维洛波	1952.3.30	14 个月 2 天
阿里·萨斯特罗阿米佐约	1953.7.31	23 个月 24 天
布尔哈努丁·哈拉哈普	1955.8	6 个月
阿里·萨斯特罗阿米佐约	1956.3	12 个月
平均		10 个月 10 天

资料来源:Van Zanden dan Marks(2012),h.143;转引自 Lind blad(2008)。

显然,议会民主制没有带来稳定的政府。内阁更迭过于频繁,使得经济政策无法保持连贯性、持续性和长远规划性。每届内阁都有不同的优先计划,但都不能全面落实。各政治集团只在两件事上有高度统一的认识:一是要求荷兰归还西伊里安;二是打破荷兰在印尼经济中的主导地位,实行印度尼西亚化政策,这点我们稍后会探讨。当时,所有内阁尽管采用的政治表述或旋律各异,但都围绕这两个始终不渝的目标在努力。然而,在宏观经济管理上,它们观点不一致,缺乏连续性。

统一的印尼共和国和地方分权。圆桌会议上,明显看得出,荷兰不情愿放弃重新控制印尼的幻想。在荷兰敦促下,圆桌会议同意采用联邦国家形式,成立印度尼西亚共和国联邦(RIS)。印度尼西亚共和国是联邦的 16 个小国的一部分,这些小国都是荷兰武装或支持的。但后来的发展却完全打破了荷兰的期望。接下来的几个月,在当地民众要求下,所有小国相继并入印度尼西亚共和国。1950 年,颁布了临时宪法,成立印度尼西亚共和国。

从"宏观"政治上说,印尼统一已经完成。然而,中央与地方关系依然脆弱。爪哇岛与外岛之间经济利益差距引发持续的政治摩擦。外岛是创汇的主要地区,而爪哇是用汇的主要地区。正如我们在之后的章节中会探讨的,中央采取的经济政策没有解决问题。外岛出口地区感到受损。地方对中央的不满日渐上升,终于在1957—1958年爆发了印度尼西亚共和国革命政府——争取普世斗争宪章(PRRI-Permesta)①叛乱运动。据历史记载,叛乱不久就平息了,但印尼经济却为此付出巨大代价。其后,相当长的时间里,国家预算增添了额外负担,对生产造成干扰。

如果往前看一点,无论在有领导的民主时期,还是新秩序时期,统一的印度尼西亚共和国(NKRI)都没有遭遇更大挑战。地方要求更大权力的呼声几乎听不到。然而,在政府管理方面,中央集权和权力分散之间的平衡问题实际上始终没能解决。40年后,新秩序被"改革"时期取代,要求权力分散的呼声重新响起。这次呼声更强烈,也得到实质性回应。出台了一些政策法规,保障部分权力和义务从中央转移地方。印尼在相对短的时间内实行了大规模分权。人称印尼是"大爆炸式做法"(big bang approach),目前成了世界上权力最分散的国家之一。然而,客观地看,目前实行的地方自治制度并未全面良好运行。在为保障国家统一的集权和支持地方自治意愿的分权之间,印尼还在继续寻找平衡点。这一主题将来可成为印尼经济史的研究

---

① 印度尼西亚共和国革命政府(PRRI)事件系1958年2月15日发生在苏门答腊岛由苏门答腊军区第四团团长艾哈麦德·侯赛因中校率领的武装叛乱事件,国际支持者是美国。叛乱者主要向当时印尼中央政府提出三项要求:朱安达内阁交还权力;哈达和日惹苏丹组阁;苏加诺恢复行使宪法赋予的总统权力。叛军对北干巴鲁油田和炼油厂发动袭击,但在印尼中央政府迅速出兵的强制高压下,仅三个月就溃不成军,后转入丛林游击战,在印尼中央政府和军队围剿和招安双重手段挤压下,最后一个叛乱者纳西尔于1961年9月28日向政府军投降。Permesta的印尼语全称为"Piagam Perjuangan Semesta",旧译为"普遍斗争宪章",在此译为"普世斗争宪章"。是1957年3月2日发生在印尼万鸦老、由美国支持的印尼东部地区地方和军队负责人反抗中央政府的武装叛乱,叛军将领亚历山大·埃佛特·卡维拉朗原系美国驻印尼使馆武官。1958年2月17日,该叛乱领导人与苏门答腊PRRI叛乱领导人宣布联手合力反抗印尼中央政府,印尼政府和军队迅速派兵平叛,1958年6月收复叛军占领的万鸦老,叛军兵败如山倒,但最后一人缴械投降是在1961年大赦时。

对象。但是,现在,让我们还是回到本章叙述的时期,回溯一下 1950—1957 年的印尼主要经济政策和成就。

经济挑战

在经济领域,印尼不得不面对如下现实:生产资料遭受严重破坏;政府官僚机构尚未成型和良好运作;圆桌会议协议使印尼背上沉重债务负担;社会群体经济能力和经济权力分布与过去殖民时期大同小异。当时,大众盼望生活马上改善。此外,民族精英们都迫不及待地想实现让印尼人成为民族经济主人翁的目标。

圆桌会议经济负担。圆桌会议在经济方面的成果体现在财经协议(Financial-Economic Agreement)中,有如下重要条款:

- 允许荷兰企业像战前一样经营,特别是享有转移利润的自由。
- 印尼承担偿还荷属东印度政府 11.3 亿美元的内外债。
- 在国有化等某些政策上,印尼需与荷兰政府协商甚至征得后者同意。
- 印尼承担在本地待了两年的 17000 名前荷兰职员的费用并接纳 26000 名前荷属东印度殖民军(KNIL)官兵。

这就是为达到结束冲突、获得国际承认的政治目标而付出的经济代价。直接负担是每年国家预算中附加开支,间接负担是束缚了我们经济政策的手脚。在实施过程中,由于印尼—荷兰关系逐年恶化,1956 年 2 月布尔哈努丁·哈拉哈普内阁正式宣布废除该协议。尽管没有执行所有条款,但是协议给印尼共和国预算增加了 5 年多负担,到废除时,印尼共和国已支付债务的 82%。

印度尼西亚化。让印尼人自己管理政治经济是独立运动的中心目标。

当时经常听到一种说法：除了西伊里安外，政治方面的目标基本实现，经济目标尚未达到。原住民那种消除荷兰经济主导地位、自己当家做主的意愿日益强化。为实现这一目标，采取了如下主要政策：

- 堡垒计划。该政策是通过使用外汇拨付和银行贷款等工具来提高原住民进口商的地位。他们以便宜的汇率获得外汇配额。该政策没有达到预期目标，因为拿到进口许可证的人大都走快速发财捷径，将其"卖给"那些有年头的进口商，按照当时说法，他们只是"挂牌"进口商，或称"阿里—巴巴"企业。①

- 组建国有企业。为了与荷兰竞争，打破其商业主导地位，在将荷兰企业国有化基础上，成立印尼中央贸易公司（CTC）、印尼实业有限公司（Usindo）、印尼民族银行（BNI）、国家工业银行、印尼国家船务公司（Pelni）等国有企业。

- 第一波国有化。印尼共和国政府接管了爪哇银行、火车、燃气、电力等一批公用领域企业。

- 第二波国有化（1958）。印尼与荷兰因西伊里安问题关系紧张到极点，导致印尼共和国政府新的国有化浪潮，接管了荷兰著名的"五大龙头"（The Big Five）即航空公司（KLM）、船运公司（KPM）、种植园、工业、贸易企业以及银行。② 这轮措施过后，荷兰在印尼的商业作用宣告终了。

除了堡垒政策，组建国企、实行国有化的印度尼西亚化政策也基本成功。荷兰企业在印尼经济中的主导作用被印尼国家机器取代。但这一政策也付出了代价，使印尼经济在此后较长时期背上沉重包袱。主要表现在前

---

① 阿里—巴巴（Ali-Baba），过去通译为"阿里—峇峇"，阿里代称本地人，巴巴（峇峇）代指华人，二者合一借指原住民挂名、华人实操的外贸企业。——译注
② 航空公司的飞机和航运公司的船舶在接管前已离开印尼。

荷兰企业的生产力和利润严重下滑,而那些新国企的绩效低下,不得不靠国家预算提供"补贴"。这就是自力更生要付出的牺牲。当然,应该有一种奋发图强的愿望来缩短这个困难时期,但实际上没有出现。国家预算对国企的补贴、印尼中央银行提供的低息贷款不断膨胀,这成为50年代货币发行猛增、通货膨胀上升,60年代出现恶性通胀的一个主要原因。

宏观经济失衡。政治形势不稳对宏观政策落实产生现实影响。宏观经济当时面临的根本问题,是财政方面和经常项目上出现失衡现象。除了1951—1952年朝鲜战争推动印尼主要出口商品价格增长外,由于支出增长无法以收入相抵,国家预算赤字不断膨胀;由于进口增加不能以出口增长相抵,经常项目赤字日益增大。印尼出现慢性双重赤字问题。

经济理论认为,国家预算赤字与经常项目赤字同时出现的双重赤字问题,只能以两种政策结合的方式解决:一是财政金融紧缩,即削减开支、增加收入、控制货币流通;二是贬值,即主动下调印尼盾对外币汇率。二者都是"苦药"。印尼内阁寿命平均10个月,没有一个内阁愿意并能够根治它。

因此,全都选择了味道不那么苦的药,即双重汇率制(multiple exchange rates),医病不治根,治标不治本。这个制度中,有几种印尼盾汇率,分别用来从事外汇交易。对进口、对外汇款等"外汇汇出"业务,需要美元的话,设定的印尼盾购汇的汇率高昂;对出口、汇款国内等"外汇汇入"业务,入境的美元兑换成印尼盾,设定的汇率低廉。

双重汇率制实际上是增收外汇交易税。外汇汇入和汇出使用不同汇率,使国家收入增加。实施这种政策意在增加收入,减少预算赤字;同时提高交易成本,抑制进口和外汇汇出。"双重"汇率制是用来医治"双重"赤字的。

经验证明,这一政策收不到预期效果。好比用药剂量逐日增加,这一制度越想解决问题,越把事情搞糟,越来越失效。为什么?因为缺乏财政紧缩政策支持。结果流通货币过多、通胀不断增长。通胀使得短期确定的汇率不切实际,造成汇率政策失效。关于这点,我们稍后会谈到。

实际运用中,这项制度没有激发通过官方渠道开展进出口贸易,相反却刺激了走私。关于那些无记录交易,我们缺乏准确数据,但估计数额巨大。一项研究曾预估1963—1966年未记录的出口总额,认为在几种主要出口商品中,橡胶、椰干、咖啡、烟草、茶叶等分别占各自出口总量的13％、50％、4％、61％、57％。[1]

出入印尼的外汇多数甚至越来越多地"脱离"政府管控,因此,出现了"官方汇率"和自由市场的"黑市汇率",由于通胀持续重挫印尼盾币值,两种汇率间差价日益拉大。差价越大,人们越不愿使用官方汇率进行外汇交易。这期间,自由市场汇率高于官方汇率4倍多。1951年,官方汇率为1美元兑换3.8印尼盾,自由市场则为1美元兑换16.5印尼盾;1957年,官方汇率为1美元兑11.4印尼盾,市场则达1美元兑45.8印尼盾。60年代始,汇率差进一步恶化。1962年,市场汇率是官方汇率的14倍,1964年高达29倍。这种状况对那些利用汇率差的人来说,诱惑力实在太大了!

这种制度还留给我们一个重要的经验教训,即拥有外汇管理权限的部门贪污盛行。那些"趋利者"趋之若鹜地巴结这些部门。部门贪污成风,使得任何政策都无用武之地。

让我们深入探讨一下这一时期宏观经济管理者失败的原因吧。问题根子出在政治。议会民主制没法产生稳定的政府,以致即使努力解决问题,但却不能保持连续性并贯彻到底。每届内阁各怀主张,有的强调稳定第一,有的则主抓别的。

经济的根本问题在于财政。由于开支增大、收入跟不上,国家预算赤字

---

[1] Simkin(1970).

扩大。双重汇率制没有收到预期效果。这一时期,国家开支的重点是偿还圆桌会议协议债务和支持印度尼西亚化计划。印尼政府只能采取向央行借款的方式来支撑预算,这直接增加了货币流通。为满足预算急需,1958年取消了最初设定的借款上限,拆除了控制政府支出的最后一道警示牌。

作为流通货币增长源,金融政策重要性虽不及财政政策,但作用也不可忽视。这一时期,包括印尼央行在内的银行信贷,1/4或1/3发放给堡垒计划进口商。1951—1958年,每年流通货币年均增长28%。

由于对症下药不治本,宏观经济失衡持续恶化。除了1951、1952年外,国家预算赤字持续放大,尤其是1958年央行对政府放款取消上限后。流通货币快速增加,通胀压力持续增大,官方汇率日益偏离实际。见表4.2:

表4.2 1950—1958年国家预算赤字和货币流通

(单位:百万印尼盾)

年代	预算赤字(百万盾)	货币流通(百万盾)	货币变动(百分比)
1950	−1736	430	…
1951	＋1186	500	＋16.3
1952	＋7221	600	＋20.0
1953	−2068	752	＋25.3
1954	−1602	1112	＋47.9
1955	−2090	1223	＋10.0
1956	−1564	1339	＋9.5
1957	−5040	1891	＋41.2
1958	−12040	2937	＋55.3

资料来源:Van Zanden dan Marks(2012),h.145。
说明:−:赤字;＋:盈余。

经济增长。统计数据显示,1949—1957年,印尼国内生产总值年均增长5.5%,非油气年增长4.3%,人均国内生产总值增长2.7%—3.2%,非油气总值年增长1.5%—2.0%。这份答卷看上去成绩不坏,但要以正确的视角来看待。首先,当时油气领域与大众生活关联很少。因此,非油气领域成为大众生活指数。其次,印尼国内生产总值的计算起点很低,是从遭受全面破坏后的"战争经济"起步。最后,当时人均国内生产总值远低于战前水平,大多数人民生活水平尚未得到有效改善。

1957—1965年:有领导的民主时期

政治主导。50年代后期,一系列政治事件主导了印尼政坛。经济问题逐渐靠边站。"政治挂帅"成为当时的日常热词。经济状况不断恶化,国家能量都被政治问题消耗了。对议会民主制效果的不满日益强化。印尼共和国革命政府——普世斗争宪章运动者发动叛乱,经济状况持续恶化,加速了议会民主制垮塌。以下几个重要事件改变了国家的政治体制,并从根本上改变了经济管理。

1957年2月:苏加诺总统提出总统思想,核心是建议实行对民族委员会负责的总统内阁制。

1957年3月:阿里·萨斯特罗阿米佐约内阁交割权力。

1957年4月:苏加诺总统组建工作内阁,朱安达任总理。

1959年7月:颁布重新实行1945年宪法的总统令。

1960年3月:全面实行有领导的民主体制。组成总统内阁;解散议会,以民族委员会取代。发起夺取西伊里安运动。

有领导的经济体制。政治领域贯彻有领导的民主思想,经济领域也实行"有领导的经济"。这一制度从实质上确立了国家通过对主要经济领域出台规定和发号施令,对国民经济发挥"领导"作用,这些都以一个全面的国家计划为基础。

这一思想的出台,一部分是对50年代经历的反应,因为当时的状况给人留下国家无力调控和引导国民经济的印象;另一方面,社会主义国家实行计划经济,实现经济高增长,建立起大工业,奠定了国家工业发展的基础,取得的"成就"给人印象深刻、令人鼓舞。如同闪电一般,刚过了两个十年,历史就落槌宣判,中央计划体制尽管经常展现令人记忆深刻的最初成就,但长远来看,显然不能持续。主要原因是,激励制度中存在根本矛盾,政治管理与经济管理之间混淆错乱。此后,一个接一个实行中央计划体制的国家摈弃了它,转而实行国家计划与市场机制相结合的体制。

以下是以有领导经济体制为基础的几个要素:

政治思想治国成为发展国民经济的主要方针。财政、金融、产业目标及经济政策须围绕和服从国家伟大的政治目标。

制订8年国家建设计划,国家政治、经济、社会、文化和安全等各领域活动都围绕其运行。

国企成为国民经济的中流砥柱和中心角色,在主要经济产业和关系国计民生的领域发挥领导作用。它们承担使命,得到国家预算和银行的全面支持。

银行业被组织成配资网络,按照央行(印度尼西亚银行)通过"独家银行"制度发布的明确指令,为国家优先开展的经济活动提供资金支持。印尼央行作为主要调控者,是印尼政府不可分割的一部分。

新体制从一开始推行就注定成功机会不大。首先,推行期的宏观经济和金融形势日益恶化;其次,落实新制度的机制从未准备就绪;再次,西方国家不喜欢印尼当时的外交政策,致使印尼很难获得国际金融支持;最后,随着时间推移,国内政治形势日益紧张,越来越不利于实行合理的经济政策。

财政金融形势。当时形势不断变化,政治计划叠加出台,迫使政府努力维持支出水平。表4.3显示,这一努力困难重重,以通胀率矫正的实际支出反而持续下降。同期,实际收入下降更多。通胀蚕食了国家预算"购买力"。表4.4显示,各种突出政治的支出项目不容置喙地急剧扩张。1965年,这类支出项目已占预算的 40%，国家预算赤字日益增加，财政状况完全失控。

表 4.3　国家预算实际收支

（按 1954 年固定金额印尼盾计算）

年度	实际收入	实际支出
1959	11.1	16.1
1960	16.4	18.3
1961	9.7	13.7
1962	4.5	7.4
1963	4.3	8.7
1964	2.8	7.7
1965	1.6	4.1

资料来源：Van Zanden dan Marks(2012)，h.145；Tim Penulis LP3ES(1995)，h.145。
说明：实际收支或固定价格是票面价值除以消费者价格指数(1954=1)。

表 4.4　1958—1965 年政治优先的政府开支项目

（单位：十亿印尼盾）

年度	安全行动	西伊里安和马来西亚	国企和私企补贴	其他	总计
1958	5.0	…	0.9	…	5.9
1959	8.2	…	3.1	…	11.4
1960	11.3	…	5.2	…	16.5
1961	11.2	10.4	7.4	14.6	33.2
1962	12.3	23.5	9.3	2.6	47.8
1963	11.4	21.0	13.9	7.5	53.8
1964	4.2	90.5	15.6	6.1	116.4
1965	5.6	567.1	15.8	388.0	985.5

资料来源：印尼经济社会研究教育运用院写作小组(1995)，第 138 页。

不管怎样，国家机器必须运转，演出必须继续，赤字必须填补。最简单也是当时唯一敞开的方法是向中央银行——印度尼西亚银行借款，后者就是开机印钞。这是增加货币流通最主要的源头。同时，国企成为经济支柱，有领导的经济体制需要更多资金支持其活动。按照当时原则，资金需求全部由包括印度尼西亚银行在内的银行解决。银行对国企发放的贷款甚至超过"政治优先项目"开支(见表4.5)。

表4.5 1958—1965年政治优先项支出占国家预算总支出比

(单位:十亿印尼盾)

年度	总支出	政治优先项支出	占比(%)
1958	35.3	5.9	16.7
1959	44.4	11.4	25.7
1960	60.5	16.5	27.3
1961	88.5	33.2	37.5
1962	122.1	47.8	39.1
1963	329.8	53.8	16.3
1964	681.3	116.4	17.1
1965	2526.3	985.5	39.0

资料来源:Tim Penulis LP3ES(1995),h.138;Van Zanden dan Marks(2012),h.145。

货币政策和银行政策不再独立,只服务于财政政策和国企资金需求。国家预算赤字和国企资金"缺口"越来越大,只能靠印钞来填补,导致货币流通脱缰、通胀失控(见表4.6)。

表4.6 1958—1965年对国企的资金支持

(单位:十亿印尼盾)

年度	国家预算	央行贷款	政府银行贷款	总计
1958	0.9	…	1.9	…
1959	3.1	7.2	7.4	17.7
1960	5.2	7.3	10.7	23.2
1961	7.4	12.8	14.4	34.6
1962	9.3	20.6	27.2	57.1
1963	13.9	41.0	50.8	105.7
1964	15.6	82.2	132.5	230.3
1965	15.8	334.4	527.0	877.2

资料来源:Tim Penulis LP3ES(1995),hh.142-143。

我们注意到,政府为控制货币流通,采取了两个大刀阔斧的金融措施,但都未触及我们上面提到的根本源头,因此,对货币流通的影响只是杯水车薪、昙花一现。

解决措施无济于事。1959年8月25日,当时著名的"整顿"(sanering)(字面意思是"康复")措施出台,内容包括:(1)将500盾和1000盾的纸币币值调整为50盾和100盾;(2)冻结90%的银行汇票和25000盾以上的定期存款,要求将后者用来购买印尼政府债券。同时,主动贬值印尼盾,从11.4盾贬为45盾兑1美元。这一措施"无济于事",因为当时自由市场的汇率已达150盾兑1美元。如表4.7所示,由于国家预算赤字和国企"缺口"两个主要增长源创造了数量巨大的新发货币,金融措施对货币流通增量的影响几乎看不到。

表4.7 1959—1966年国家预算与货币流通

(单位:十亿印尼盾)

年度	收入	支出	赤字	货币流通
1959	30.6	44.4	-13.8	34.9
1960	53.6	60.5	-6.9	47.8
1961	62.2	88.5	-26.3	67.7
1962	74.0	122.1	-48.1	135.9
1963	162.1	329.8	-167.7	263.4
1964	283.4	681.3	-397.9	725.0
1965	960.8	2526.4	-1565.6	2572.0
1966	13.1	29.4	-16.3	22.2

资料来源:Van Zanden dan Marks(2012),h.145。

1965年12月13日,面对经济和政治形势严重恶化,决策中采取了第二步骤,将1000盾币值降为1盾。这种降低币值的措施对货币发行未产生根本影响,形势继续恶化。

恶性通胀。我们需要从当时重要宏观经济现象中吸取一个教训,即恶性通胀。这是长年未彻底解决的通胀病晚期。

1961年左右,"正常"通胀性质转为恶性通胀,其特征是高达100%甚至更高的通胀率。恶性通胀与"正常"通胀最本质的区别是:恶性通胀的特征是人们对持有本币失去信心。一拿到钱,马上购买商品,为的是避免币值快速贬值造成损失。这种心理现象很难直接衡量——货币流通的速度呈"V"字形急升。① 观察"V"字上升的简易方法是看通胀率上升是否快于发行货币涨幅。从1961年开始就出现了这种现象。见表4.8:

表4.8 1950—1966年发行货币涨幅、物价涨幅(通胀)和发行货币的实际价值

年度	货币涨幅(%)	物价涨幅(%)	实际币值(以1954年盾币为基,百万)
1950—1957*)	25	14	8.7
1958	55	18	12.1
1959	19	13	12.7
1960	37	20	14.5
1961**)	41	156	10.5
1962	101	129	8.2
1963	94	135	7.0
1964	161	445	7.6
1965	255	592	4.2
1966	763	635	…

资料来源:Arndt(1966)关于物价的内容,Van Zanden dan Marks(2012)第145页论流通货币的内容。

说明:*):每年平均数。

**):1961年起,物价上涨(通胀)比发行货币涨幅更高;V型上升。

V型上涨引发一种看起来与其他现象相反的自相矛盾现象,即发行的货币数量不断增加,而从事经济活动的人总感觉流动性不足。手里的钱总

---

① V型说法来自于埃尔文·费舍尔的量化经济学,MV=PT。

是不够支付交易。为什么会这样？答案是：在恶性通胀中，流通货币的实际价值是下降的，导致公众觉得流通的钱不足以支持平常从事的交易和活动。物价涨幅高于流通货币发行增长使货币支持交易的能力受蚀。流动性缺乏的现象导致交易过程萎缩，最终，生产过程和整个经济活动受阻。恶性通胀掐住了实体领域的脖颈。

恶性通胀对实体领域的影响通常会因从事经济活动的人们的心理变化而进一步恶化。由于物价飞速上涨，从事经济活动的人们更偏好商品买卖（贸易）活动，朝买夕卖，不愿从事耗时更长、动脑动手更烦冗的商品生产活动。恶性通胀时，人们倾向于选择快速盈利的短期行动，远离生产甚至投资行动，这使实体领域更加病入膏肓。人们更愿经商而不愿生产。这就是当时印尼的现实。

关于通胀和恶性通胀还需强调一点。通胀以及恶性通胀都是经济和政治深度互动的过程。历史表明，恶性通胀通常以政治体制转变结束，而且常常只能如此结束。1966年的印尼也是如此。

退化停滞。1957—1966年，印尼经济主要产业出现停滞或退化。表4.9显示了上述状况。

表4.9　1949—1957和1957—1966年各产业生产总值和人均总值平均增速

（年%）

产业	1949—1957	1957—1966
农业	2.3	2.7
工业	10.9	0.3
油气	12.9	4.5
商业	5.9	2.1
运输业	7.3	-1.7
政府	6.8	-4.9
服务业	5.5	0.9

(续表)

	1949—1957	1957—1966
生产总值		
总计	5.5	1.8
非油气	4.3	0.4
人均	2.9	−0.6

资料来源：Van Zanden dan Marks(2012)，h.151。

工业、运输业、政府、服务业等各产业生产总值比上一时期急剧下降。国内生产总值和非油气产值仍有增长，但低于人口增长率，因此人均国内生产总值每年下降0.6%。另有一份资料也描述了同样状况：人均国内生产总值自1962年起持续下降。见表4.10：

表4.10　1951—1967年国内生产总值和人均产值

年份	实际生产总值(1938=100)	人均实际总值(印尼盾)
1951	90	2126
1957	123	2320
1960	123	2441
1962	132	2441
1964	134	2364
1965	135	2324
1966	139	2271
1967	141	2141

资料来源：Dick dkk.(2002)，h.192。

生产停滞和退化的原因来自于以下因素的共同作用：(1)国内外政治气氛紧张造成主要来自国外的投资停止；(2)因为实行"命令经济"和"错误管理"，国有化的企业和国企效能和生产力下降；(3)交通运输、电力、水利等基础设施得不到建设维护；(4)外汇匮乏造成生产原材料、零部件严重短缺；(5)恶性通胀导致盾币流动性"稀缺"，生产性活动变成投机行为。

第四章 1950—1965年：巩固、停滞、恶性通胀

思考材料

本章叙述的时期再次展示了经济与政治的互动关系。如前章所述，普遍来说，政治目标总是压倒经济政策。让我们一起看看吧。圆桌会议协议的达成就是为实现与荷兰停止冲突，获得国际承认的政治目标。共和国实现这一目标付出了巨大经济代价。平息地方叛乱、维护国家统一的努力给国家预算开支造成负担，影响了地方生产，这种影响一直持续到几年后。西伊里安回到了共和国的怀抱，但却消耗了预算和其他经济领域很大费用。假如当初甚至现在搞个民意调查，也许大多数印尼民众会说，确实应该为实现政治目标而奋斗，但现在的问题是：是否应"不计代价"（at all cost）去达到？或者还有空间计算和掂量一下经济成本？事实是，在决策实现所有或几乎所有的政治目标时，缺乏对经济成本的成熟计算。也许因为政治目标在人们头脑中占据很大的情感分量以至于客观估算成本—利润（cost-benefit）的科学精神出现钝化。当然，事实上也很难计算某个政治目标的经济成本，因为目标常常错综复杂、具有多面性。经济成本只有到了积重难返、对经济生活造成严重影响、引起公众强烈反弹的时候才会引起注意，就像恶性通胀末期发生的事情一样。到了这种时候，经济就会压倒政治。经济情况要求政治变更。这个民族历程中反复发生的一切需要我们不断以清醒头脑思考如何预测一个政治目标的经济代价。也许只有以史为鉴，我们这个民族才能在决策时变得更加睿智、更加聪明。

第 五 章

1966—1968 年：政治稳定时期①

直面难题

读者可以想象自己是一个国家的经济部长，面对如下问题：

• 这个国家刚刚经历剧烈的社会政治动荡，政权更迭、过渡期尚未结束。

• 失控的恶性通胀已持续数年。

• 国家预算沉疴积重，"购买力"受通胀侵蚀日益萎缩，国家开支被粮食、燃油等各种补贴和国企扶助资金等政治性开支主导，尾大难掉。

• 因长年缺乏预算，只能凑合维护，各种基础设施和生产资料破败不堪。

• 外汇储备为零，还要偿还到期外债，进出口可以忽略不计，资本流入完全停止。

---

① 本章取材于多种资料，主要包括：Bulletin of Indonesian Economic Studies（1965 年 9 月起各期）；Thee（2003）和 Radius Prawiro（1998）。

- 外汇稀缺导致原材料和零部件严重匮乏，国内工业瘫痪，粮食短缺。

- 近年来的国内生产总值出现停滞甚至倒退。公众要求立即改善经济状况。

你只会有一个选择：请辞！以上是主管经济的副总理苏丹·哈孟库·布沃诺九世和其领导的经济小组在1966年初面对的经济形势。对他和他的小组来说，没有请辞的选项。以下是关于他们以及随后的内阁在克服上述复杂经济问题时采取措施的戏剧性描述。

创造政治环境

每一个想要实施全面稳定计划的政府都要准备好足够强大的政治基础，因为这种计划通常会在短期内给公众造成负担，而抑制通胀、恢复正常经济活动、实现经济增长的成果日后才能为公众享受到。短痛见长效（Short term pain for long term gain）。

1965年"九三零事件"后6个月间，政治形势依然十分紧张，充满不确定性，政府官僚体系已不能正常运作。在苏哈托将军通过1966年三月十一号命令掌握实权，苏哈托、苏丹·哈孟库·布沃诺、亚当·马利克组成的内阁主席团主持政府日常工作后，政局稍有安定。此后，新秩序（Order Baru）[①]集团逐步巩固政治地位，主管经济事务的副总理苏丹在维佐约·尼蒂萨斯特罗教授等一批技术官僚组成的经济小组辅助下，开始采取稳定经济的初步措施。小组性质是临时应急的特别小组（ad hoc）。1966年10月，当政治形

---

① 苏哈托将自己掌权时代定名为"新秩序"（New Order），将印尼共和国成立到1966年前定名为"旧秩序"（Old Order）。——译注

势更加有利时,才开始实施全面经济稳定计划。1967年3月,临时人民协商会议(MPRS)任命苏哈托为代总统,一年之后,1968年3月正式就任总统,结束了国家双重领导状况。1968年6月成立了第一届建设内阁,苏米特罗·佐约哈迪库苏摩教授、阿里·瓦达纳教授等技术官僚入阁,强化了在制定和实施经济政策中的作用。维佐约·尼蒂萨斯特罗教授并未被任命为部长,但是其领衔的经济小组被公认为谋划各部门协调运作的大战略的机构。他后来在1971年9月被任命为国家建设计划国务部长兼国家建设计划机构主任。如此一来,经济稳定计划的政治基础更加牢固。

制订经济计划

最初步骤。1965年底,国家外汇储备消耗殆尽(零储备)甚至出现"负数",一些到期债务无力偿还。经济小组对1966年经常项目状况作了如下评估:

- 1966年初,估计印尼短期和长期外债为23亿美元,其中,1966年到期债务加利息约为5.3亿美元。
- 出口总收入仅4.3亿美元。
- 进口总需求:商品6.2亿美元,服务1.7亿美元。
- 结论:现有外汇不足以满足需求,进口面临全面停顿威胁,对国内粮食供应、生产和整体经济活动将造成广泛影响,需立即采取措施予以解决。

小组当机立断采取两项措施:(1)打破双汇率制和阻碍出口的贸易规则,扩大出口;(2)谈判债务延期和借新债。1966年3月,开始实施上述举措。这两项措施成为1966年10月出台的经济稳定一揽子计划——更加全面的政策篮子的重要组成部分。

1966年10月经济稳定计划。在国际货币基金组织(IMF)技术协助下,经过一段时间磋商磨合,出台了一个全盘稳定计划。1966年10月的政策篮子是一个母计划,为之前采取的上述举措和接下来几个月采取的一系列政策奠定了基础。这个篮子里,明确指出政策的基本目标是抑制仍在飞速上涨的通胀、重振经济。经济稳定调整战略有4大支柱,归纳为以下4个行动措施:

"松绑"政策:卸下笼头。目的是为经济摆脱制约经济活动的各种限制、规定、官僚程序的桎梏,强调更多依靠市场机制,减少国家在经济生活中的直接作用,对包括国外在内的私企参与经济活动开放更多机会。从抑制通胀这一主要目标角度看,政策主要指向供给侧,通过更顺畅的商品流通来解决问题。需要指出的是,这一政策不仅成为我们今天皆知的"去管制"政策,而且涵盖对经济体制的全面改革,即改变有领导的经济体制支撑的命令体制,建立更加倚重市场机制和国家间接作用的体制。这一政策为印尼经济在接下来的时期开辟了新路。采取的整顿措施还涉及其他支柱,如简化外贸程序和双重外汇制、分阶段取消对国企的特殊待遇、削减补贴、通过颁布外资法(1967)和内资法(1968)等法令确定外资和内资的作用。

财政政策:确立预算纪律。财政政策的主要目的是重新确立预算纪律、平衡国家收支预算,使之不再成为货币发行(M)增长的源头,而后者是通胀主因。从1967年起,确定了"平衡的收支预算"作为管理国家收支预算基本原则,强化了预算纪律(知识盒5.1归纳了这一预算原则)。实际步骤包括加强税收、节省各部门开支、削减给国企的巨额补贴和给公众的各种补贴。由于各种原因,国家收支预算在1968年才实现平衡。此后,在新秩序时期,每年都始终如一地执行平衡预算原则。

金融政策:控制货币发行。金融政策的功能回归到作为控制银行贷款和货币发行的工具。既然实行平衡预算原则,金融政策不再只是财政政策的支持者。在1966年10月经济稳定篮子中,金融政策在抑制恶性通胀中发挥了重要作用。政府银行贷款月息提升至6%—9%,存款月息调整为5%;通过直接限制贷款额、激励存款(包括免税、不问资金来源等)强化利率政策。在后来的发展中,存贷利率多次调整,从此利率成为调控货币发行和通胀的有力工具。值得一提的是,利率工具限制贷款用于投机活动、鼓励公众持有印尼盾,对消除恶性通胀造成的心理恐慌起到重要作用。大众心理的改变降低了货币循环流通的速度,也减少了恶性通胀中导致物价疯涨的V型线。金融政策的新形式以及各种工具、银行的作用等都通过1967年银行法、1968年印度尼西亚中央银行法得以确立。

经常项目政策:放松外汇供应。 该政策的目的是放松外汇管制,以便为经济稳定和整顿松绑。它有两个行动目标,即:(1)振兴和便利进出口活动(技术术语叫激活"移动账户"或"经常项目"),使之成为经济发动机。(2)(通过"资本账户"或"资本项目")提升资本流入,为经济稳定和整顿计划提供资金支持;简化双重汇率体制,统一汇率,通过松绑政策整顿外贸程序。而第2项目标与重组债务谈判的经济外交举措直接有关。

▶▶▶ **知识盒5.1**

"平衡收支预算"原则

经济理论指出,如果政府所有一般收入可以弥补当年所有开支的话,国家收支预算就是平衡的。"平衡收支预算"在稳定时期成为财政政策的根本基础,一直适用到新秩序时期结束。这不是当时的理论概念,而是现实迫切需要一个简单易解的思想,确定国家收支预算能够支持并达到当时的主要目标,即驯服通胀,或者至少不要成为通胀的主因,由此"平衡收支预算"原则应运而生。

"平衡收支预算"的原则决定了政府在年内的所有支出(E)受到国内所有收入(R)加上外国软贷款(也称"外国援助")(B)数额的限制。这个基础只要求 $E=R+B$，而不是(克服通胀更奏效的)经济理论要求的 $E=R$，因为大家都意识到在相当长的一段时间里，印尼还未能满足这一要求，除了政府开支做了最细微的削减，这是最不希望看到也最不可能做到的。

"平衡收支预算"只确定国家收支预算不增加通胀压力(可以减少通胀压力)，因为没有增加货币发行(这是当时出现通胀的主因)。国内收支缺口以外汇储备形式体现的软贷款来弥补，外汇储备可用来进口商品(增加商品供给)或者吸收国内盾币。"软"字叠加在"外国贷款"一词上不可忽视，因为它表示要求条件轻、数额有限(印尼需与其他发展中国家竞争才能获得)，这样一来可减少两个后果：一是外债负担过重；二是支出(E)失控。这里补充一点关于新秩序时期国家收支预算核算的说明。支出(E)由日常支出(ER)和建设支出(EP)组成，支出(E)+外国软贷款(B)=日常支出(ER)+建设支出(EP)。由此，衍生收入(R)－日常收入(ER)＝建设支出(EP)－外国软贷款收入(B.R)－日常收入(ER)，就是政府储蓄。

在改革时期，上述概念被更接近理论概念和世界通用的实践所取代，即有4组：收入(R)、支出(E)、赤字或盈余(D)和金融(F)。基本相同点在于支出(E)－收入(R)＝赤字或盈余(D)＝金融和赤字或盈余(F.D)，不仅由软贷款而且由(国家债券或称SUN)内债和除软贷款外的外债(通过全球债券等)组成。国家收支预算不能失控这一精神依然坚持，管控是以全国统一的赤字(D加上各地收支预算赤字)

> 不超过国内生产总值的3%、政府债务不超过国内生产总值的60%为标准(1003第17号法)。这两个谨慎防线与欧盟运用的标准一样。

改革汇率制度。双重汇率制和贸易规则过于繁杂,造成进出口脱离官方轨道和滋生歪门邪道。知识盒5.2描述了这一汇率制的混乱程度。因此,首要任务就是简化汇率制和贸易程序。1966年10月的稳定篮子中,专门指出要以自由外汇制取代现有外汇管制制,以市场机制决定的单一汇率制取代双重汇率制。直到1971年,这一目标才得以实现。

> ▶▶▶ **知识盒5.2**
>
> **双重汇率制**
>
> 这一制度的要点是出口汇率低于进口汇率,汇率差部分计入国家收支预算收入。这一制度的本质是对进出口交易收税。在演变过程中,该制度越来越复杂,充满潜在漏洞,易被扭曲而最终缺乏效率。以下是一个出口商1966年的例子,反映了实行这一制度多么复杂。($:美元单位)
>
> • 例如,他出口了1000件商品,每件定价10美元,总共收获10000美元,依法他需全部交给中央银行(外汇交易局,BLLD)。
>
> • 从以上数额中,他从盾币里收回外汇。收到的外汇分两种:可由他本人或他人用来进口某些商品的出口凭证(BE);可由他本人或他人用来进口任何商品或其他用途(不受限制)的配套外汇(DP)。

- 他收到的盾币数额、出口凭证、配套外汇等取决于政府不同时期关于上述商品规定和宣布的两项事宜,即基准价(或 check price)和他能够收到的出口凭证的百分比。假设商品的基准价是每件 9 美元,出口凭证是商品价的 10%,计算方式如下:在总价值 10000 美元中,他将收到 1000x9 美元＝9000 美元,是以盾币形式。出口凭证和剩下 1000 美元,他将按配套外汇(DP)百分比从 9000 美元中收取 10%,即 10%x9000＝900 美元,这是以外汇形式;剩下的 8100 美元则以官方汇率以盾币形式,即 1 美元等于 10 盾时,他收到 10 盾 x8100＝81000 盾。简言之,从共计 10000 美元的出口总值中,他可拿回 1000 美元配套外汇、900 美元凭证外汇和 81000 印尼盾。

- 配套外汇和出口凭证分别在配套外汇市场和出口凭证市场交易,汇率随需求和报价上下浮动。1966 年,配套外汇平均汇率为 110 盾兑 1 美元,出口凭证平均汇率为 90 盾兑 1 美元,而(在新市场 Pasar Baru[①]等)自由市场汇率为 130 盾兑 1 美元。从效率上看,上述出口商可得到的汇率为[81000 盾＋(110 盾×1000)＋(90 盾×900)]/10000＝27.2 盾兑 1 美元。如果实行单一汇率和自由外汇制度的话,这个汇率比他收到的汇率低得多。因此,当时发生了很多走私出口行为。

在进口方面,规则同样错综复杂。

- "基本"商品(大米和其他粮食、关系国计民生的政府工程和国企的进口)只能由政府/国企经营,官方汇率为 10 盾兑 1 美元。

---

① 系位于雅加达的一个自由市场名。——译注

- 此外，私人可进口：出口凭证上已有商品、能使用自己出口商品的出口凭证外汇或者是从出口凭证市场上购买的外汇；此外，商品或服务进口应以配套外汇或从自由市场购汇支付。

- 政府进口通常不收进口税或其他税费。私人进口通常要收进口税和其他税费（surcharges等），税种繁多而复杂。此外，还要看进口商品种类，私人进口商常常在开信用证（LC）之前需预先支付按金（prepayment），比例按照金融状况因时而变（因此，预先支付制度也被戏称为"特别金融政策"）。

债务谈判。简化汇率制和贸易程序不会立竿见影提高出口。1966年，为了挽救危局，需要采取能马上减轻外汇需求与供给失衡的措施。因此，第二条途径是就展期债务进行深度外交获得紧急/新贷款，使进口能马上满足国内生产和消费。

1966年5月，这种债务外交已经开始。尽管与债权国进行了几次会晤，但直到印尼在国际货币基金组织技术帮助下制定全面经济稳定战略即1966年10月稳定篮子后才取得有意义的进展。经过几次会晤后，印尼的建议最终于1966年12月被提交给巴黎俱乐部（Paris Club，一个协调重组政府间债务的论坛），后者同意推迟支付本息到1971年，并且通过八次分期偿还。

巴黎俱乐部协议打开了印尼以更优惠利息获得新贷款的大门。在1967年2月阿姆斯特丹、4月海牙、6月斯维宁根等地印尼与债权国的会晤中，债权国一致承诺发放3种贷款：1967年新提供1.875亿美元现金贷款来帮助经常项目（计划信贷），提供一笔贷款支持建设项目（项目信贷），提供物资援助如粮食、棉花等其他商品（商品信贷）。这些会晤的成果是推动成立了后来著名的"多国政府援助印尼集团"（Inter-Governmental Group on Indonesia,IGGI)(旧译为"援助印尼国际财团"),在接下来的 20 年中,每年举办论坛。1990 年,该集团停止运作,被"援助印尼协商集团"(Consultative Group for Indonesia,CGI)接力运作,功能大同小异。

债务展期外交也成功奏效。1970 年 4 月,巴黎俱乐部的印尼债务债权国接受德国著名银行家赫尔曼·埃布斯博士[①]的建议。此前,他受巴黎俱乐部聘请并在印尼支持下研究了印尼在中期偿还债务的能力。经过研究,埃布斯建议对(1966 年之前借贷的)旧债连本带息展期 30 年。巴黎俱乐部同意展期还本 30 年、展期还利息 15 年。该协议大大减轻了印尼在中期的经济负担。

简言之,印尼经济外交利用两个主要论坛得以很好开展:通过巴黎俱乐部,减轻了还债负担;通过"多国政府援助印尼集团",获得了软贷款。外交成功确保了印尼实施稳定计划的经费问题,之后印尼又启动经济建设计划(1969 年开始第一个五年计划)。其后的历史事件表明,1973 年石油繁荣使得建设计划经费更有保障,我们会在第六章探讨,现在还是回到经济稳定时期。

问题层出不穷

稳定计划总体上达到目标,然而,实施过程并非一帆风顺。一个个复杂的问题有时出乎意料,需要中途不断调整。经验和教训都值得面向未来的印尼经济吸取借鉴。以下是操作中发生的几个案例。

稳定还是推动经济。1966 年 10 月后两到三个月里,流动性紧张和获取

---

① 赫尔曼·约瑟夫·埃布斯(Hermann Josef Abs,1901—1994),德国银行家,1938—1945 年任德意志银行(Deutsche Bank)董事局董事;第二次世界大战后,1957—1967 年任德意志银行董事会主席,为德意志联邦共和国的经济重建做出了重大贡献。——译注

经费困难的抱怨此起彼伏,后来更是怨声载道。这里有一个难解的困境:刹住货币发行增幅(M)和货币发行增速(V)是从需求侧解决通胀螺旋上升问题。但如果不掌握尺度、过于严厉的话,这一举措有可能干扰生产活动和商品流通,将造成从供给侧推高通胀。相反,过快松开对货币发行增幅和发行速度(MV)的手刹将导致通胀再次失控。有效的稳定计划需要强大的优先意识,即态度坚决、思维清晰,明了哪些目标该优先处置,哪些可以靠后。当时,维佐约·尼蒂萨斯特罗教授领导的经济小组具备了上述素质。政府的反应是有选择地放松对一些优先领域的信贷支持,但坚定不移地保持收支预算平衡,继续采取经济松绑措施。财政金融政策组合(policy mix)既切合实际又收到成效。

在预算收支平衡中的政治和行动约束。 平常时期整饬预算收支并非易事,更何况在不平常时期了。两件事决定成败:一是要有强烈的政治意愿和共识来采取必要的铁腕措施;二是要有良好的贯彻举措的能力。以下几点理由足以证明,为什么此次财政整顿措施不同于以往的努力,能够得以贯彻执行。

首先,最高层有政治意愿和共识,即只有恢复财政纪律才能克服恶性通胀、恢复经济。尤其是在计划执行的艰难阶段,当那些受影响的人抵制甚至强烈抗议时,政治统治者和经济政策执行者之间观点一致,构成政治保护伞,这点至关重要。经济小组成功获得了政治保护伞的有力支持。

其次,如何将决策有效付诸实施同等重要。这取决于政府官僚机构的成效,而当时这些机构已停止运作。面对政府机构瘫痪、无法依靠的状况,经济小组和部长们组成一些计划执行核心小组,由官僚体制内及体制外的人组成,包括借助大学的资源。这些小组调动了现有官僚机构,有时为达到目标而简化日常的官僚程序。实践证明,小组是高效率的。

在实施平衡收支预算的努力中,各种反应相继出现。并非所有开支都能削减,比如工资。"灯塔"工程①建设终止了,但削减对公众和国企补贴的举措遭到强烈抵制,只能分阶段并根据政治氛围和机遇的发展来实施。掌握实施计划的适当"节奏"是成功的经济政策的"艺术"。例如,削减燃油补贴在 10 月一揽子计划出台后过了 19 个月才在 1968 年 4 月实施。当时,汽油价格上涨 4 倍,从每升 4 盾变成 16 盾,煤油从每升 2.5 盾变成 4 盾,公交车票上涨 2 倍,从 5 盾变成 10 盾,电费尤其是工业用电费也大幅上涨。航空、铁路、邮政费平均上涨 3 倍。抵制力量得以平息。

投机心态依然风行。落实经济稳定计划的风险之一是在执行过程中大规模出现投机行为。当货币发行的调控政策松动(例如,因急需克服上述流动性困难而承压时)实施过早或者松动给投机活动打开缝隙时,投机行为就会出现。如不能解决,投机行动会使稳定计划功亏一篑。

1967 年 8 月,当通胀开始缓解,为因应流动性困难、平息生产和商业停滞的怨声而采取金融宽松政策时,在接下来的几个月,发生了下列事件。[②]

为回应公众怨声,1967 年 7 月 28 日,政府出台一揽子政策,其中有放松外汇信贷(BE)使用以促进进口的一系列举措。松动措施包括:调降开进口信用证(LC)所缴纳的保证金,为货物到岸的进口商提供相对低廉的银行贷款,允许所有外汇银行包括各地分行发售外汇信贷 BE,进一步放宽允许任何人自由购买、使用外汇购买的产品清单,等等。目的是保障国内所需的生产物资和消费。

放松政策实施不久,出现了以银行低廉信贷支取的大规模购买外汇信

---

① "灯塔"工程项目(Proyek Mercusuar),系指苏加诺总统执政时期,特别是在 1958 年获得日本战争赔款、苏联等国提供的贷款援助后,为提高印尼作为"新兴力量国家"的国际地位,包括筹备 1962 年亚运会等,而在雅加达等地兴建的大型建筑项目,包括新兴力量国家会议大厦(现为"印尼议会大厦")、国家体育场综合体(现为"塞纳言体育场综合体")、印度尼西亚饭店(现为"印度尼西亚凯宾斯基饭店")、伊斯帝可拉大清真寺、塞芒吉(Semanggi,意为"丁香叶")立交桥、萨丽娜商厦、迎宾雕塑、加迪卢户大坝等。现不少已成为雅加达经典地标。——译注

② Radius Prawiro(1998)。

贷 BE 潮，BE 汇率骤升，投机购汇激增，又进一步推高汇率，由此循环往复。银行贷款被用于投机"支付"。

22家银行因不能满足必要条件被处罚清盘，公众恐慌情绪蔓延，其他银行也被殃及。央行迅速行动，决定对22家银行直接监管，并提供紧急贷款以满足储户需求。1967年9月5日，10家银行关停，其余的重新开业。银行危机得以避免，但外汇市场震荡依然此起彼伏。因为一种具有战略意义的商品价格突然飙升，这就是大米。当时青黄不接导致农作物歉收，酿成一场新的危机。

大米的战略作用。1967年，青黄不接导致歉收，大米价格持续猛涨，一直到1968年3月稻米丰收才告结束。这段时期的大米事件几乎导致稳定措施中途失败。

主要原因是厄尔尼诺现象导致印尼和本地区主要大米生产国旱季延长。最初预测旱季收成如常，但实际产量急剧下降。当初过于乐观的产量预测决定了大米进口的数量，如今已无法满足歉收时期的实际需求。增加进口的需求上升，但由于大米输出国普遍严重减产致使国际大米市场物以稀为贵。受此影响，米价上涨失控。1967年5月，在雅加达，大米每公斤价格为17.5盾，9月为30盾，1968年2月涨到90盾，上涨超过5倍。其他地区也出现类似情况。

值得一提的是，大米在印尼社会生活中具有战略意义。一是当时大米占生活费用指数（通胀指数）的30%；二是对大众心理的影响，认为米价上涨必然带来其他物价上涨——大米是政府保持社会经济稳定的晴雨表，对市场经营者和公众的行为有重要影响；三是当时社会政治稳定尚不牢固，对产量预估的失误造成米价上升将从整体上威胁稳定计划的成功。

1967年12月和1968年1月，美国大米和碎干麦（bulgur）的运抵使米价上涨稍受遏制，但直到1968年4月丰收时节到来，米价才真正回落，重归稳定。这场风波使政府意识到,保障大米供应安全攸关经济稳定计划的顺利实施。1968年,大米供应得到切实保障,措施包括:(1)出台激励政策提高国内粮食生产;(2)实行安全的进口计划。经济稳定计划辅以大米供应安全政策,有效降低了恶性通胀。

顺便提一下,1972、1982、1987和1997年也发生了类似事件。回首当时的反应,可以发现,我们并没有真正吸取1967—1968年的教训。直到今天,对旱季延长的风控仍是印尼经济管理不可分割的一部分,将来也不例外。

政策成果

以下统计数据涵盖了稳定措施取得的成果。

表5.1 1964—1968年货币发行增量及主要增长源

(单位:%)

年份	货币发行增量	在收支预算中占比	在银行贷款中占比	其他
1964	161	135	45	−19
1965	255	156	99	0
1966	763	491	218	54
1967	132	108	98	−74
1968	121	8	86	27

资料来源:Bank Indonesia(1995),hh.146 dan 194。

表5.1记录了1964年到1968年货币发行这一通胀根本原因的变化。稳定措施成功地将货币发行增量从1966年最高峰值763%逐步降到1968年的121%。这一调降是通过降低国家收支预算货币量和银行贷款额来实现的。1968年,国家收支预算首次实行"平衡收支预算"原则,收支预算对货币发行增量的贡献缩减了,但银行贷款的贡献依然可观,折射出政府面对的两难困境:限制贷款以控制货币发行,还是增加贷款以振兴经济。当时采取

的折中做法是对那些"优先"领域保持放贷,而对非优先领域则采取限贷。

表 5.2　1961—1971 年通胀率和经济增长率

(单位:%)

经济增长率	通胀率	1914
1961	26.9	5.8
1962	174.0	1.8
1963	118.7	−2.2
1964	135.1	3.5
1965	594.3	1.1
1966	635.3	2.8
1967	112.2	1.4
1968	85.1	10.9
1969	9.9	6.8
1970	8.9	7.5
1971	2.5	7.0

资料来源:Bank Indonesia(1995),h.213。

表 5.2 显示了以通胀率和经济增长率为主要目标的计划成效。通胀率在 1966 年达到峰值(635%),1968 年持续大幅降低为 85%,1969 年只有 9.9%,1971 年仅为 2.5%。我们也许会问,恶性通胀何时开始缓解的?比较一下货币发行增长率和通胀率,就能发现答案。1968 年是货币发行增长率高于通胀率的第二年,这可以理解为人们愿意更长时间持有货币(货币发行的速度减缓了)。这大概就是恶性通胀开始缓解的转折点。与时局回稳同步的是,经济活动也开始复苏。1968 年起,经济大幅增长,并持续数年。稳定复苏计划实现了主要目标:抑制通胀、重新转动经济车轮。1966—1968 年的印尼成为经济稳定政策成功的典范。

综述

1. 1966 年,印尼经历了十分严重的经济、社会和政治形势。"九三零事件"发生后,国家的社会政治生活充满争端冲突、深度忧患和政治不确定性。政府运作卡壳,经济陷入恶性通胀和严重停滞。

2. 新政府决定首要任务是战胜通胀、重转经济车轮。经济事务统筹部长及其经济小组迅捷反应,制订了全面经济稳定计划——1966年10月一揽子方案——重心聚焦四维:取消束缚经济正常活动的规则,实行松绑政策;恢复国家预算纪律;重启金融政策作为调控货币发行工具的功能;对遏制经济活动的外汇供应放松管制。

3. 实施过程中,需要克服各种挑战,包括对预算缩减的政治抵制、官僚执行机构的不作为、立即终止通胀与重振经济的冲突、干扰政策的投机行为、粮食短缺等。然而,在强有力的政策承诺和高度一致、积极奉献的政策执行者的不懈努力下,只用了两年时间,经济稳定计划就实现了既定目标。

4. 这些政策的基本原则,如平衡收支预算、自由外汇制、单一汇率制、鼓励国内外私企参与等,既打下了稳定政策和计划之基,也成为今后政策之锚。

第 六 章

1969—1981 年：经济建设和石油红利

简要回顾

我们在进入下一个阶段前，先梳理一下已经跨越的历史横断面。民族独立打开机遇之门，也带来新的挑战。50 年代，印尼满目疮痍、百废待兴，圆桌会议协议重债压身，生产资料破坏严重，政府机构千疮百孔，经济结构二元化，殖民经济治理模式萧规曹随，政治制度成效尚未千锤百炼。这一背景下，年轻共和国历届政府努力建设国民经济支柱，推行印度尼西亚化计划，恢复生产资料和基础设施，开启工业化，取得了参差不齐的成果。

计划推行受到大环境制约，被三个主要因素交互影响：内阁更迭频繁，宏观经济失衡，地方叛乱蜂起。

议会民主制被有领导的民主制取代，更稳定的政治生活得以实现。政治主导国家生活舞台，经济问题被忽略，经济形势持续恶化。印尼进入恶性通胀和经济停滞时期。这一时期以国家悲剧的发生而结束，"九三零事件"给我们民族留下创巨痛深的伤痕。

新秩序集团登场，面对经济领域的紧迫问题：舒缓通胀、重转经济轮子。

两年之内,经济恢复稳定,从历史可见,印尼进入持续30多年的政治稳定期。

本章将叙述新秩序前15年印尼的经济历程、面临的挑战和机遇、实施的各项政策。我们将聚焦以下主题:
- 从稳定向建设过渡。
- 经济快速增长和支撑要素。
- 经济结构转变和存在的问题。
- 社会指数改善和贫困现象。

从稳定到建设

1969年,通胀全面受控,经济开始复苏。于是,政府适时作出决策,巩固已经取得的成果,实施中期规划,加强经济建设。自此,印尼跨入前所未有的新时期,在长达30年里,按部就班、持续连贯地实施中长期建设规划。其载体是五年建设计划制度(Repelita)。第一个五年计划(1969—1974)延续了稳定恢复政策,重心是提高粮食生产和恢复市场稳定、建设基础设施、清理妨碍经济发展的规章制度等。第二个五年计划是接下来计划的开局之作,不局限于既有的稳定恢复措施,完全是以建设为主,重心在能力建设、创新建设。目标更加广泛和长远,涵盖了扩大基础设施网络、工业建设、人文建设、提高人民福祉等方方面面。这是印尼自独立以来首次拥有规划实施长期发展进步目标的难得契机,而不只是为度过一个又一个危机挣扎图存。表6.1描述了政府这一时期计划超乎往常的提升和扩大。1979年整体建设支出是10年前的34倍。10年中,建设规划目标不断扩大,几乎涵盖所有重要建设领域。

建设新能力意味着开展新投资。外资法(1967)和内资法(1968)的颁布奠定了鼓励私企投资的基础。在政府投资方面,多国政府援助印尼集团作为常设论坛机制提供了软贷款。进入 70 年代,印尼获得了意外的天赐之宝——1974 年印尼主要出口商品石油的价格翻了 4 倍,1979 年到 1980 年又翻了 2 倍。机遇之门突然大开,使印尼政府可以放手对各领域扩大投资。长期幽灵笼罩的"双重赤字"一下子迎刃而解。石油红利使政府游刃有余地扩大建设计划,不必以牺牲千辛万苦换来的稳定和宏观均衡为代价。印尼进入了建设快车道。

表 6.1 1969 年和 1979 年国家收支预算中的建设开支

(单位:十亿印尼盾)

	1969	1979
总值	118.2	4014.2
领域		
农业	29.8	508.2
工业	21.3*	356.3
矿产能源	—	376.4
通信	33.3	465.8
劳力和移民	0.2	162.2
地方	5.9	335.8
教育	8.1	361.4
卫生	5.4**	142.4
住房	—	117.3
投资(国企等)	0	465.6
环保	0	120.4
其他	14.2	602.4

资料来源:Hill(1996),h.58。
说明:*:包括矿产能源。
　　　**:包括住房。

经济增长

1967—1972年,印尼经济取得了卓越的增长,按国内生产总值计算,年均增长10.2%,按非油气国内生产总值计算,年均增长8%。这对当时绝境逢生重新起步的印尼来说,可谓进入常态。见表6.2。但如果没有新投资,这一增长是不可持续的。新投资的到来助推印尼经济在70年代进入持续长期的增长轨道。1972—1980年,印尼国内生产总值年均增长6.8%,非油气国内生产总值增长7%。

表 6.2 1967—1972 年和 1972—1980 年各领域经济增长

(单位:年均%)

领域	1967—1972	1972—1980
农业	5.5	4.7
工业	12.7	10.3
油气	16.5	4.8
商业	8.9	7.8
运输	5.8	7.3
政府	20.5	17.5
其他服务业	5.7	5.7
整体服务业	7.7	8.0
国内生产总值		
非油气	8.0	7.3
总计	10.2	6.8
人均	6.5	4.7

资料来源:Van Zanden dan Marks(2012),h.160。

工业建设。表6.2还显示,工业领域是增长最快的经济部门。在这一时期,工业是国家经济增长的主要发动机。这得力于政府、国企和国内外私企大规模投资的支持。其发展脉络如下:

政府利用石油红利并通过已有和新组建的国企,建设各种基础设施和新工业,尤其是基础工业。同时,通过实行保护国内市场政策,鼓励私企进入进口替代工业领域。两者结合,推动了工业领域实现年均10%的增长。(表6.2)

生产资料建设推动了经济增长。这一时期,基础设施能力如公路、电信(1976年发射了帕拉帕卫星)、水利、电力等快速提升。基础设施的改善降低了生产成本、物流成本和所有相关领域的交易成本。互联互通的直接受益者不仅是工业领域,还有商业领域和服务业(主要是交通运输服务),见表6.2。

国有企业是政府工业政策的执行者,通过国家收支预算(见表6.1)的直接支持和政府银行贷款进行大规模投资。国企感兴趣的是两个领域:一是强化国内产业结构的基础工业,包括钢铁(如克拉卡陶钢厂)、水泥、化肥、造纸、冶炼(如阿萨汉矿业公司)、基础化学等;二是发展高技术的"战略"工业,期望打造印尼未来竞争力的支撑点,包括飞机制造(如印尼飞机制造公司IPTN)、造船、国防工业、电信等。这两种工业成为70年代印尼工业战略的支柱。

如前所述,第三个支柱是"进口替代政策",即支持建设占国内市场份额大的产业。私企对此兴趣盎然,纷纷进入纺织业、电器业、汽车业等。对这些行业的支持主要是通过征收进口税、限制进口额、制定本地零部件含量、发放各种许可证等实施保护。

国内市场巨大的吸引力,加上各种投资便利化,使得一座座满足国内需求的新工厂拔地而起:纺织厂、电子厂、机动车及其他交通运输工具制造厂;满足建筑业需求的水泥、混凝土、木材等加工厂,各种服务业设施等。新投资不仅带来大量资金,而且带来新技术,与政府的基础设施建设同步而行,使经济生产力大幅提高。

到此为止,一切尽如人意(So far so good)!但是,持续推进工业化战略需满足两个先决条件:(1)有充足的资金支持资金密集型产业的持续投资;

(2) 针对国外竞争坚持必要的保护度。在石油繁荣(boom)时期,第一项先决条件可以满足,但要满足第二项先决条件就要承诺进一步提高保护度,尤其是在进口替代"容易阶段"过去之后。①

工业化战略是所有国家经济建设领域的重要课题。在印尼,无论学术界还是决策层,关于工业化的争论始终无休无止。对有关争论作了概述。争论可以持续,但最终具有发言权的是实践。正如我们在第7章中将探讨的,历史决定了石油繁荣时期在80年代初戛然而止。由于工业化战略需要的第一个条件已经无法满足,战略调整势在必行。新战略的重点是发展面向国际市场竞争的劳动密集型产业。

>>> 知识盒6.1

技术专家和技术官僚

一些分析家指出,石油繁荣诱发工业发展政策发生根本转变。如果说此前政府引导工业发展的作用不突出,更多是在消除投资和贸易障碍、重振经济上下工夫的话,那么现在政府通过特殊政策、国家收支预算和政府银行贷款的资金支持,在选择和引导优先发展产业领域方面发挥了更加积极的作用。石油繁荣之前即第一阶段的政策是技术官僚(经济学家)的精心构思,第二阶段政策则由技术专家(工程师)主导设计。二者的本质区别在于:

前一种政策认为,发展工业的最佳战略是创造健康的商业环境、消除妨碍大规模投资的各种壁垒。以此标准衡量,建设产业的可行性一定是经过实践检验的,从事有关行业的企业应该具有很强的生

---

① 参见第三章关于30年代工业政策的研究。

命力和竞争力。该战略主要倚重国内外私企投资,政府只需维护有利的营商环境,并适时建设基础设施。

后一种政策将工业视为以技术为基础纽带、由相互关联的各部门集成的一个体系。工业建设不能只按投资者的意愿从事,而是依靠政府发挥积极作用,引导优先发展哪个行业,以创造基础稳定的技术体系,打造强有力的工业体系。该政策有三个版本:第一个版本主张,工业建设应从钢铁、基础化学等基础工业开始,然后沿着"工业树型结构"建设下游产业。第二个版本主张,应选择从飞机、计算机等高技术产业入手,将技术能力、附加值、产能延伸到其他产业领域。第三个版本认为,发展工业的最佳方法是最大限度地利用国内丰富的自然资源和原材料,如矿产、能源、经济作物等,逐步提高加工能力,获得更大的附加值并满足"工业树型结构"的标准。这种政策的三个版本都要求政府实行深度干预政策,尤其是第一、第二个版本需要大量的政府资金或政府保障,要求获得大量的"财政空间"。

我们看到,前一种政策和后一种政策的三个版本都具有合理的逻辑依据。也许,最终起决定作用的是,哪些前提条件能够持之以恒地予以满足。

有石油资金保障,后一种政策就一帆风顺。正如文中指出的,政府和国企就有能力按照政策建议的方向建设有关工业项目。但随着80年代油价下跌,形势所迫,政府必须回归前一种政策。之前启动的大型工程,尤其是那些未通过可行性检验的,只好叫停。

究竟选择何种工业化战略,这一争论至今难休,并非印尼一国如此。值得思考的是:是否该从中选择一个"最正确"的战略?我们能否根据各阶段满足的前提条件,实事求是地将各种政策综合平衡,制定一个长期工业化的大规划?

农业建设:大米自给计划。这一时期,除了工业和服务业外,以粮食生产为主的农业也取得显著发展,尤其是大米生产。实现大米自给是独立以来印尼历届政府的理想,只是到了这一时期,才采取了综合性、可持续的政策措施。政策覆盖大米产业的各个方面,包括提供良种、对化肥实施补贴、现场技术指导、大规模兴修水利、提供贴息贷款、实行大米基准价、建设碾米厂和粮库等。焦点集中在供给侧,即通过向农民推广使用良种、化肥以及新技术,辅以必要的生产资料和基础设施,提高生产力,使劳动效益最大化。表6.3显示了印尼政府在加强生产资料和基础设施方面付出的巨大努力。

表6.3　1969—1985年粮食作物生产资料和基础设施

生产资料和基础设施	1969	1985	增长率(年%)
水利灌溉			
政府设施(百万公顷)	2.45	3.23	2.2
其他(百万公顷)	1.11	0.86	−1.9
碾米厂(千座)	16.3	28.3	4.0
米仓库容(百万吨)	1.5	5.7	10.0
化肥供应(百万吨)	0.5	5.1	29.4
化肥站(千个)	1.9	20.3	19.8
农民团体(千)	40	225	11.6
现场技术员(千)	1.6	22.2	19.2
乡村银行(千家)	0.5	3.7	12.6
合作社(年个)	0.1	6.9	32.6

资料来源:Tabor(1992),h.174。

上述浑身解数(all out)的努力并未立竿见影,却在15年后收获成果:印尼在1985年实现了大米自给。表6.4显示了大米产量的提高主要源自于每公顷收成的提高,这一期间几乎增长两倍。国际观察家评论说,这段时期实现大米自给、农业建设取得成功,反映了印尼在善用石油红利资金上的高超智慧,这是在其他获得石油红利的国家中绝无仅有的。这也给未来计划提供了一个启示,即自给计划的精髓是加强供给侧计划,特别是在提高生产力方面。也许需要提到的是,该计划实施不到一年,就实行了禁止进口大米措施。为了调动农民积极性,也为了保证国内消费者能够买得起大米(这两个方面同等重要),政府当时将国内米价保持在比国际市场价稍高一点的价位上。主要措施是保证基准价机制不变,同时征收较温和的进口税,而不是禁止进口。禁止进口实在不是实现自给的有效工具。

表 6.4 1970—1987 年大米生产和进口

年份	收获面积 (千公顷)	产量 (吨/公顷)	产量 (百万吨)	进口 (千吨)
1970	8135	2.38	19.3	771
1975	8495	2.67	22.3	670
1976	8368	2.78	23.3	1508
1977	8360	2.79	23.3	2308
1978	8970	2.89	25.7	1266
1979	8850	2.97	26.3	2579
1980	9005	3.29	29.6	1213
1981	9382	3.49	32.7	437
1982	9162	3.74	33.6	505
1983	9169	3.85	35.3	1109
1984	9768	3.91	38.1	185
1985	9905	3.94	39.0	0
1986	9988	3.98	39.7	0
1987	9923	4.04	40.1	0

资料来源:Tabor(1992),h.173。

政策环境。让我们更加深入地看一下这个经济过程的背后,究竟是哪些因素使这 10 年推行的政策能够成功呢?答案仍然是:政策环境的有力支持。当时究竟是怎样的背景环境呢?为什么印尼在 50 年代初朝鲜战争期间获得大量橡胶和石油红利时,同样的奇迹却没有发生呢?这里有三个重要因素确保此次增长过程可以持续较长时间。

第六章 1969—1981年：经济建设和石油红利

首先，与之前时期不同的是，此次政治稳定持续时间长达30年。这一状态确保了经济政策的一贯性和连续性。在此，需要稍微说明一下，这里所指的政治稳定不是仅以总统是否不常更换、内阁是否不更迭、部长是否常换等为标准来衡量的，而是超乎这些，看看政治环境能否为已经确立的经济政策落实到底、不受大的干扰保驾护航。一个延续几十年的政府如不能保障合理经济政策的实施，那就不是我们所说的政治稳定。至少在当时，从大局来看，印尼的政治环境符合了稳定的标准。

其次，有一个团结能干的团队。能制定"合理"经济政策；能得到必要的政治支持和保护；具有现场落实政策的才能。印尼当时的这个团队就是维佐约·尼蒂萨斯特罗教授领导的技术官僚团队。

最后，有强烈的政治意愿保持宏观经济平衡。长远来看，稳定和增长是一枚硬币的两面。只有维护稳定，才能实现可持续增长，才能确保各领域政策的落实具有一贯性和连续性。任何时期，干扰稳定的因素都无所不在。这个时期的政府对经济不稳定的痛苦经历记忆犹新，显然有强烈的政治意愿维护经济稳定，尽管有时也会吞下"苦药"。石油繁荣不全是福，也会冲击稳定，需要提高警觉和纪律意识来保持宏观平衡（见知识盒6.2）。这个时期，也发生了两个重要事件，干扰了经济稳定，但很快得以解决（见知识盒6.3和知识盒6.4）。

我们在本民族接下来的发展历史中还会看到，以上三个前提条件，即有利的政治环境、团结并善于制定和实施政策的务实团队、维护经济稳定的有力承诺等，此前任何一个时期都未曾出现，之后每个时期内也并非总能得到满足。

▶▶▶ 知识盒6.2

出口繁荣期的宏观调控

印尼主要出口商品的价格波动对国内经济稳定有重要影响。用专业术语表示,是"贸易效应法则"(term of trade effects)。1974—1981年的石油繁荣对解决投资资金是喜事临门,但同时也引起棘手的经济稳定管理问题。"平衡收支预算"不是最佳政策,因为国家从石油获得的增长收入都要在当年花完。这一形势给经济造成双重压力:通胀压力和进口压力。"通胀发烧"是这一时期的典型特征。1974—1981年,通胀年均达到18%,庞大的预算资金导致在使用审核标准方面也出现松弛。

这一时期的经历突显了不要花光从任何来源获得的意外红利的重要性,强调最好将一部分作为政府存款以"主权基金"(sovereign fund)形式存在国外,一旦繁荣结束(1981年后果然发生了),可能派上用场。且记,所有国家的经济都有手头宽紧的时候!类似政策现在似乎已在实施,但由于各种因素影响,仍不能全面落实。石油繁荣的消极影响依然如影随形,使我们切身感受到进口增长过快,政府工程的可行性检验标准降低,通胀相对提高。

▶▶▶ 知识盒6.3

1972/73年大米危机

决策者在管理印尼经济中需始终重视一个潜在风险因素:气候问题。印尼经济发展节奏依然深受农业收成,特别是粮食产量的影响,稻米产量更是重中之重。掌握气候变化规律格外重要。厄尔尼诺现象会导致旱季延长,不仅影响国内,而且影响东南亚和澳洲地区,是印尼经济不可忽视的气候现象。厄尔尼诺现象随时会发生,且严重程度不同。以往历史显示,每隔5到10年就会发生一次严重旱情。但由于近年来气候变化,这一周而复始的规律变得诡异难测。

1972/73年播种季节,严重的厄尔尼诺现象突然出现,影响了本地区粮食收成,尤其是大米大幅减产,收成无法满足国内大米需求。印尼政府通过扩大进口努力增加国内大米供给。可惜的是,本地区大米生产国都受到干旱影响而严重减产。世界市场上,大米奇货可居。于是,政府试图进口碎干麦和小麦粉来替代大米,但人们以大米为主食的习惯难以改变。国内大米供应不足造成米价飙升。1972年稻米收获季节时,雅加达的米价为每公斤47.50印尼盾,1972年12月为每公斤78.10印尼盾,1973年1月为每公斤84.35印尼盾,即比1972年3月上涨78%。连续数月的进口都无法使米价回落,直到1973/74年获得好收成时,米价才恢复正常。这一事件促使政府下决心尽快实现大米自给。由此可见,无论现在还是将来,气候始终是决定印尼经济发展节奏的重要因素。

▶▶▶ 知识盒6.4

印尼国家石油公司(Pertamina)危机

印尼国家石油公司危机是一个始料未及,若不及时处理将动摇宏观调控、扰乱建设战略的事件。在石油繁荣中,这家在国内经营石油的国有公司在1975年2月突然无力偿还到期的1亿美元债务。为了维护印尼的国际信誉,政府通过印尼央行偿还了债务,同时宣布印尼国油公司所有债务将由政府担保。

最初,由于这家国企从不向政府汇报,因此不清楚其究竟有多少债务。经过审计,发现该公司1975年的债务十分巨大,不低于105亿美元。矿业部长莫哈马德·萨德利说,这一数字超出了1976/77年国家收支预算,比当时整个国家的外债还多。一直以来,印尼国油的生存都是靠借新的短期贷款来偿还到期债务,因为当时政府的石油外汇超过了国家收支预算,因此公司管理层认为这种借短期债还到期债的做法是安全的。但1974年中开始,国际金融市场收紧银根。印尼国油举债困难,政府只好出手挽救。

印尼国油的主要问题出在贪大求洋上,未经熟筹就上马自认为有益的项目。投资领域不仅在上下游油气、石化工厂、油船队、油气辅助产业等,而且有大量非核心业务项目,如克拉卡陶钢铁厂、巴淡岛的工业地产(industrial estate)和旅游业、南苏门答腊的稻田地产(rice estate)、航空公司、酒店等。许多项目都没有做过像样的可行性研究。

为解决问题,政府叫停所有不能持续的项目,与债权人谈判重组债务。经过努力,印尼国油的债务被降到62亿美元。这一数字依然庞大,在接下来几年一直是国家收支预算的负担。1976—1979年,印尼国油债务占到政府偿还外债的25%—40%。

一个重要的教训是政府该如何应对这一事件。苏哈托总统听取了技术官僚的建议,迅速下令全面改组印尼国油。皮特·哈尔约诺接替伊卜努·苏托沃出任印尼国油总裁,在公司内部进行大规模整顿。所有项目和债务被国家监管,之后一段时间,类似危机得以避免。

转变结构

产业转型和生产力。 当时经济快速增长伴随着印尼经济结构的重要转变。表6.5显示了国内生产总值结构的变化。

表6.5　1975—1985年印尼国内生产总值构成

（单位：%）

产业	1975	1980	1985
第一产业	27.7	20.6	22.2
油气和矿产	20.5	26.3	14.2
炼油	0.6	0.3	5.0
工业	10.9	11.1	13.0
水电气	0.3	0.3	0.4
建筑业	5.0	5.0	6.6
金融保险	2.4	2.0	2.6
其他服务业	32.6	34.4	36.0
总计	100.0	100.0	100.0

资料来源：Van Zanden dan Marks(2012)，hh.190-191。

第一产业在国内生产总值中的作用下降，除了一个分支领域即粮食种植业，因为提高大米生产的投入取得成功，故其地位没有下降。同时，油气矿产因为1980年前的石油繁荣而作用上升，但也随着繁荣结束而作用下降。工业作用大幅提升，油气产业（炼油）从1975年的0.6%提升到1985年的5%，同期的非油气产业从11%增长到13%。建筑业和服务业的地位也显著上升。

产业转型十分重要，因为各产业生产力不同，带动产业间生产要素转移，对国民经济增长产生影响。生产要素往往从生产效益低的部门转向生产效益高的部门，对微观和宏观层面产生影响。从微观层面看，这一过程带来生产者收入的提高（如劳动者的薪酬）；从宏观层面看，将促进国民经济增长。

表 6.6 描述了几个产业劳动力生产率的发展。以农业的 100 为指数的话，1971 年，该产业劳动力生产率指数最低。

是年，工业生产率几乎是 4 倍，商业是 2 倍，交通运输为 3 倍多。1971 到 1980 年，农业生产率提高 34％，与工业生产率增速相同，反映了强化大米生产取得的成效。同期，商业生产率增长最高（73％强），其次是交通运输（59％强）。总的看，所有产业部门都实现增长。这也是当时国民经济增长的主要原因之一。

表 6.6　1971 年和 1980 年各经济产业劳动力生产率指数

产业	1971	1980	1971—1980 年间增长
农业	100*	134	+34％
非油气工业	389	528	+36％
商业	199	344	+73％
运输	324	514	+59％

资料来源：Van Zanden dan Marks(2012)，h.185。

说明：*：以盾币固定值计算；每个劳动力 996.8 印尼盾。

知识盒 6.5

增长从何而来

根据"增长核算"（growth accounting）法，一段时期的经济增长可细化为以下几个要素：劳动力（L）是否增加、劳动力与资本比（K/L）是否增加、技术运用（T）是否增加。R.M. 孙德鲁姆用上述方法阐释了印尼 1960—1981 年的经济增长，成果如下：

增长源	1960—1965	1967—1973	1973—1981
	(年均百分比,%)		
L 增长	1.41	1.85	3.24
K/L 增加	0.55	1.24	3.99
新技术(T)	0.00	4.81	0.28
总增长	1.96	7.90	7.51

来源：孙德鲁姆(1986)。

1960—1965年,经济增长率低(年均1.96%),主要增长源是劳动力(L)的增长。1967—1973年,经济增长率高,主要增长源是新技术(T)。1973—1981年,经济增长率依然高,但主要增长源是劳动力(L)和劳动力与资本比(K/L)中的资本增幅大。

"荷兰病"现象。 出口繁荣会通过人们常说的"荷兰病"现象影响一国经济结构。简单地讲,如果某国主要出口商品价格增长显著并持续较长时间的话,国内的"外汇供应"就会充盈并导致本币走强(升值)。由于汇率升值,除主要出口商品外的其他出口商品在国外进口商的眼里也会变"贵",造成这些商品出口以及国内生产下降,连锁反应是解雇工人和企业倒闭。由于现在同类商品的进口在国内买家眼里相对"便宜",因此,货币升值对进口替代工业产生消极影响。国内生产商无法与进口商品竞争,结果也同非主要出口商品生产商一样,出现生产下滑。只有那些价格上涨的商品能持续增产,而且价格涨幅要大于货币升值造成的贴水部分。

出口猛涨对有关商品厂家是福,但对其他产品厂家是祸。产业间利益差持续增大的话,会引起国内复杂棘手的调整问题,即如何解决萎缩产业的下岗问题,同时填补上升产业的用工荒。问题是,下岗工人常常无法适应其他行业招聘的工作岗位。当形势突然逆转、主要出口商品价格大跌时,类似的调整适应问题就会迎面而来。

70年代石油繁荣时,印尼是否也出现过"荷兰病"?看一下国内生产总值和出口构成的转换,就知道这种现象的确发生过。但是,一些观察家说,印尼非常明智地利用石油资金去建设农业,特别是用于实现大米自给和基础设施以及大规模开展教育、卫生、计划生育、减贫等社会福利计划,成功地避免了该病症的极端影响。当然,未能完全幸免(参见知识盒6.2)。

一些观察家则说,资金充盈导致对一些无效益、无法在未来全球竞争中生存的产业投入,换句话说,从更宽泛的意义上讲,印尼确实受到"荷兰病"的消极影响:

- 滚滚而来的油气收入使我们疏于发展能带来税收的非油气产业。当80年代油价持续下跌时,国家收入来源失衡引起了令人麻烦的财政问题。

- 这种状况也使我们疏于鼓励非油气出口,而出口失衡在日后油价掉头向下时,引起十分复杂的经常项目调整问题。

- 有了充盈的石油资金,政府通过国家收支预算成为经济主要发动机。这使得我们疏于营造对私企有利的营商环境,使其能够不依赖政府资金或保护支持参与竞争。

- 充盈的资金削弱了政府部门和国企检验项目的纪律。1975年印尼国油危机与石油繁荣时代纪律松弛的气氛不无关系。

80年代,当油价掉头逆转时,以上消极影响成为必须直面并解决的现实问题。我们将在第七章探讨。

贫困与人口

正如本章开篇所说,1974年开始实施第二个五年计划以来,建设目标更加广泛,将人文建设和社会福利建设提到很高的优先地位,这也是时势所需。表6.1显示,对教育、卫生、移民和地方建设的预算拨款有了大幅提高。

消费与贫困。一个根本问题是:当时经济高增长是否给印尼人带来实惠?表6.7呈现了70年代城乡居民消费支出(以国内生产总值统计)的宏观数据和以人口普查为基础的微观数据。这一时期,城市居民消费稳步增长,乡村居民似乎在后十年才尝到甜头。那段时期,面向乡村的计划,如大规模种植指导计划、总统乡村扶持资金计划、乡村基础设施建设、教育、卫生发展等计划等开始见效,使乡村消费能够基本与城市同步发展。

表6.7 1969—1981年人均(按国定价格)实际消费增长

(单位:年均%)

	1969/1970—1976	1976—1981
宏观数据[1]		
(印尼)人均消费支出	4.8	8.7
微观数据[2]		
城市	3.8	3.4
乡村	−0.4	3.6
印尼	0.8	4.1

资料来源:Booth(1992),h.330。
说明:1):按支出为口径的国内生产总值数据。
2):人口普查数据。

接下来的问题是,石油红利是否也给本国的贫民带来好处?不同来源的贫困数据不同,但结论是一致的,即70年代贫困人口显著下降。表6.8是其中一份研究成果,显示石油创收惠及了本国贫民。

表 6.8　1969/1970、1976 和 1981 年贫困线下人口百分比

(单位:%)

年份	爪哇		外岛	
	城市	乡村	城市	乡村
1969/1970	41.7	43.7	39.4	29.3
1976	28.3	51.1	32.6	27.9
1981	13.1	21.3	17.7	23.9

资料来源:Booth(1992),h.346。

计划生育。这一时期开始的一项建设计划是计划生育。1970年组建计划生育协调机构(BKKBN),将该项计划列入国家建设战略的一部分。目标是控制人口高速增长,使人民的生活水平和质量能快速提高。焦点是降低人口出生率,即限制一位母亲在育龄期内生育孩子的数量。人口增长率指的是出生数字与死亡数字(死亡率)间的差。出生数字由生育率决定。当生育数字下降时,人口增长率也会降低。办法是什么呢?就是最大范围推广使用避孕工具,使母亲控制生孩子。

人口普查数据显示,至少到90年代初,印尼的生育率出现了显著下降。1960—1965年,印尼总体生育率为5.6,1985—1990年为3.4,1995—2000年为2.55,2000—2005为2.35。

这一成就是当时国际上最成功的范例之一,可与印度、中国、泰国等同时期取得的成就比肩。然而,此后,特别是1997年金融危机后,由于应对危机计划更加紧迫,计划生育项目被迫靠后,实际上已停止实施。2004年该计划交由地方掌握执行。此后,计划生育协调机构和有关项目失去动力。这是当年良好计划的又一个范例,失策在于缺乏有效管理。

城市化。即人口从乡村大规模向城市转移。这是独立后的一个社会现象,也必将成为未来的紧迫问题。70年代,城市化开始提速,后来逐年加快。(见表6.9)。其他国家的经验表明,有足够环境支持的城市化可以成为工业

化和建设的推动力。但是,发展过快、缺乏充足环境支撑的城市化,将造成严重的社会问题,最终会阻碍工业化。

表 6.9 1930—2010 年印尼城市居住人口百分比

年份	城市化率(%)	每十年城市化率增幅(%)
1930	5.0	
1950	12.4	3.7
1960	14.6	2.2
1970	17.1	2.5
1980	22.1	5.0
1990	30.6	8.5
2000	42.0	11.3
2010	53.2	11.2

资料来源:Van Zanden dan Marks(2002),h.155。

城市化增长率受建设战略取向的影响。要解决这一问题,从一开始就要选择正确的建设战略,特别是对那些尚未陷入杂乱无章困境的地区。而对已经出现问题的城市,应当机立断采取紧急处置措施。各国以及我们本国的经验教训表明,整顿那些杂乱无章的城市并非易事。未来几十年,如果不从现在做起,采取有计划、连贯性、持续性的措施予以解决,城市化问题将一直伴随我们。我们不能让自己的国家成为脏乱差城市的大杂烩。这个例子证明,明确可行的计划应该胜于市场机制。

综述

1. 经济恢复稳定和车轮重新转动后,重心将转移到相对长期的经济和建设问题。印尼进入了较长的建设期,这是之前任何时期从未出现的。

2. (1969—1974)第一个五年计划巩固了之前取得的成果,开始了几项新创举。但建设计划真正扩大是在第二个五年计划后。

3. 70 年代为政府成为建设的主要指导者创造了有利条件,政府通过各种政策,以及石油红利带来的持续增加的预算资金发挥了重要作用。

4. 政治经济协同发挥作用使长期建设计划项目得以实施。宏观稳定的挑战依然阻碍印尼前进的步伐,但在保持宏观平衡,有时不得不吞服苦口良药的强烈政治意愿作用下,这些障碍得以克服。

5. 工业和粮食为主的农业成为发动机,经济就能实现高增长。人民福利领域也取得令人瞩目的成就。第七章将探讨建设战略是如何因应油价下跌作出调整的。

第 七 章
1982—1996年：摆脱依赖石油，建设非油气产业

主要发展脉络

凡事皆有始终。1982年，石油辉煌年代终结。是年开始，油价步入连续十年的下跌。印尼面对的经济环境与前十年截然不同。双重赤字的老问题又回来了。本章讲述印尼政府究竟采取了什么政策来解决它，效果怎样。

印尼政府先后采取了两波措施。第一波重点放在经常项目和国家预算上，强调宏观经济安全。第二波是为应对1986年油价跳水至低点的震荡而出台。这两波措施，尤其是第二波，可谓竭尽全力（all out）刺激非油气出口、激活非油气领域的经济活动。印尼开足马力实现转型，从油气驱动的建设转为非油气行业支撑的建设，从进口替代战略转型为出口激励战略，从"向内看"（inward looking）战略转型为"向外看"（outward looking）战略。

历史记录了这些举措成功带着印尼度过危机时期，走上快速发展轨道——依托非油气出口取得的增长幅度与此前达到的增速相比毫不逊色。这段时期，印尼经济快速增长，成为"亚洲虎"之一，直到1997年亚洲金融危

机爆发,才出现严重的经济破坏和倒退。

1983—1985 年:第一波政策

在工业国经济疲软和世界石油供给过剩的刺激下,印尼油价从 1982 年的每桶 35 美元持续降到 1985 年的 25 美元。不仅油价下跌,印尼石油产量在 1977 年达到峰值后也开始下降,国内消费则持续上升,使得剩余出口的石油数量萎缩。1981—1982 年石油出口达到高峰,年均出口值 146 亿美元,1985 年降到一半,只有 77 亿美元。天然气出口自 1977 年后逐年上升,但无法弥补石油出口下降的缺口。80 年代初,印尼出口收入的 3/4、国家收支预算收入的 2/3 都来自油气。油气出口每下降 1 美元,对印尼经常项目和国家预算造成的压力就可想而知。

我们先来看看对国家收支预算的影响吧。1981/82 和 1982/83 财年,油气收入占政府国内收入的 67%。其中 80% 的收入用于日常支出,20% 用于建设项目支出。1985/86 年,油气收入严重下降,无法满足政府的日常支出。旧病复发。印尼政府再次面临经常项目和国家收支预算"双重赤字"压力。这次压力更大,也更令人担忧。

面对这种形势,政府的当务之急是如何使经常项目和收支预算不要继续恶化甚至走向失控。为此,采取了以下措施:

贬值。医治经常项目赤字的标准处方是贬值。1983 年 3 月,印尼盾贬值 28%(从 703 盾兑 1 美元变成 970 盾兑 1 美元)。采取这一措施的目的是刺激(非油气)出口、抑制进口,减轻对经常项目赤字的压力。

财政紧缩。1983 年 3 月,印尼政府宣布取消一批政府大项目,特别是占用外汇的项目。随后,采取多项措施节约预算,压缩国家收支预算支出、减轻对进口的压力。其实,这些措施未能阻止政府国内收入下降,预算缺口依然敞开。按照"平衡预算"原则,应该寻找其他经费来源弥补缺口。从宏观控制角度看,最安全的资金来源是增加软贷款(即利息和条件均低于市场利率的贷款)。为此,印尼政府加大了外交努力,争取从多国政府援助印尼集团获得追加软贷款。这一以外汇储备形式提供的贷款可用来填补国家收支预算的开支缺口、节用进口外汇储备。我们还记得,在1966—1973年稳定调整时期,外援在政府经济战略和政策中发挥了决定性作用。在石油繁荣时代,当国家收入和外储充盈时,印尼依然坚持利用外援这一有利条件,只是缩小了规模。在石油繁荣后,软贷款的作用重新变得举足轻重。

银行业初步取消管制。1983年6月,印尼政府公布一揽子政策,允许国有银行自由决定存款利率(之前是由印尼政府/央行确定标准);取消包括私人银行在内所有银行的贷款上限(plafond,之前,该项每年须报央行批准)。政府银行控制印尼银行业务量的80%,给予其自行决定权可谓影响深远。历史证明,这一揽子政策揭开了印尼银行业一系列取消管制措施的序幕。1988年,印尼银行业和资本市场采取了更大范围的取消管制措施。通过提升自由度,银行业可望更加有效地行使"金融中介"(financial intermediary)机构的职能,调动公众存款为实体经济活动提供资金支持。这一事件意义重大,因为从此以后,之前政府和石油资金驱动经济的现象成为历史,实体经济和公众资金的结合成为推动经济的发动机。

税务改革。1983年9月,印尼政府自独立以来首次公布税务大范围改革计划。主要目标是增加国家非油气收入、减少国家收支预算对越发难以确定的油气收入的依赖。对一些支柱型税种,采用了新型简约制度和程序:1984年开始征收所得税(PPh),1985年4月开始征收增值税(PPN,取代了之前的销售税),1986年开始征收土地和建筑物税(PBB)。为支持改革,对税务总局的工作章程和职员培训作了一系列安排。这一举措证明艰难时期往往催生勇于创新的政策。在石油高歌猛进时期,石油创汇滚滚流入,非油气税源不被重视。如今,只有辛苦工作才能有钱入库。在开发税源上,印尼落后于本地区其他国家。截至今天,印尼税收占国内生产总值比(tax ratio)在本地区是偏低的。

关税改革。1985年4月,政府在关税方面采取了一项大胆举措,日后成为著名的1985/4号总统令政策。政策的实质是冻结海关(特别是在进口方面)的检测认定等通关事务功能,转包给国际著名企业通用验证公司(SGS)[①]处理。政策出台的诱因是实业经营者对进出口活动中遭遇的各种障碍和额外支出怨声载道。此外,这一块的国家收入漏洞百出。该政策日后成为支持出口的其他一揽子政策的一个重要支柱。

各种成果。上述政策成果如何?总体看,宏观均衡得以保持。经常项目赤字在1981/82财年为28亿美元,1982/83财年飙升到70亿美元,后逐步调降,1985/86财年降到18亿美元。严格执行"平衡收支预算"原则为经济提供了稳定基石。与之前各时期迥然有别的是,该原则确保了国家收支预算不再成为问题发生源,无论出现什么形势,政府支出都不能超出安全的收入源即实际获得的税收、非税收加上软贷款。1983年,非油气税收占国内生产总值比为5.7%,1985年升为6.8%。其后几年,税务改革全面推行后,出现了更加显著的增长。

非油气出口也呈现振兴苗头,当然,非同以往的提升还要等到第二波政策措施出台后。同时,1981—1982年年均15%的通胀在1984—1985年降到7.5%。由于我们的"朋友"厄尔尼诺现象不期而至,虽说没有10年前那么凶悍,仍造成米价上涨,1982—1983年的通胀依然高企不下。

银行业对6月一揽子政策迅速作出反应。主要由对客户贷款组成的银行资产成倍增长,从1982年的10.9万亿盾变成21.2万亿盾。在接下来的

[①] 通用验证公司(SGS)旧名"Societe Generale de Surveillance"(瑞士通用公证行),成立于1878年,现总部设在日内瓦,是专门提供检验、鉴定、测试及认证服务的跨国集团。——译注

几年里，银行资产继续增长，而且增幅更大。经营实业者更易获得银行资金支持，这对经营者来说是好事，但也引起关于资产"质量"的质疑。12年后，当亚洲金融危机爆发时，这一疑问终于变成现实。

不尽人意处在所难免。这段时期的经济增长远低于之前那些年。1982—1985年，年均经济增长低于3%。低迷的增长加上接下来发生的事件，促使第二波改革出台。

1986—1996年：第二波政策

1986年，形势出现重要变化，促使政府进一步采取根本措施。是年，油价再次大跌，从年初的25美元跌落到年中的12美元。这对正处在恢复期的宏观平衡造成压力。

宏观平衡再次引起决策者重视，而中期目标尚未达到。让我们重温一下当时需要达到的目标。短期主要目标是尽快恢复宏观平衡；中期主要目标有三：(1)加大非油气出口以取代油气出口，作为外汇来源和国民经济的发动机；(2)提高国家非油气(税收)收入以取代油气收入，作为国家收支预算的主要支柱；(3)增强金融领域对实体经济的支持功能，以成为国民经济增长的动力。1986年后的几年，印尼政府采取了一些重要措施来应对各种挑战。以下，我们按时间顺序逐一陈述：

再次贬值。 1986年9月，盾币再次贬值31%，目标再次瞄准抑制经常项目赤字的扩大。此次同时出台的措施还包括改变汇率制度，从最初的固定汇率制转变为有管理的浮动汇率制。前者只在贬值需要时变动，后者是允许汇率在中央银行监管限度内浮动。实际运用中，新汇率制允许盾币每年贬值2%—4%，这是为了解决印尼与其他竞争对象国的通胀率差、确保印尼出口竞争力的必要举措。

然而，新汇率制在落实中并未被市场行为主体全面理解和接受。它刺激了资本外逃。1986年12月至1987年1月，两个月内外逃的资本约为20亿美元。躁动不安的气氛持续了数月，直到1987年6月"（财政部长）苏马林杀手锏"出台，命令将所有国企在银行的固定存款转为政府债券（SBI），外流势头才得到遏制。但由于流动性突然收紧，银行利率一下子蹿升到40%，给银行业和实体经济造成困难。几个月后，流动性才回归正常。历史又给我们上了新的一课，昭示我们资本逃逸是印尼经济始终应该警惕和有效管理的新现象。10年后，资本逃逸再次杀了回马枪，此次是以更加疾风骤雨的方式到来。

当时，还发生了一个重大事件，即日元对其他主要货币升值（著名的日元风暴yendaka），加重了印尼经济管理者面临的问题。80年代中，1美元兑换250日元，到了80年代末，1美元只兑换125日元。由于印尼共和国40%的债务是日元，而国家外汇收入的绝大部分是以美元计算，因此，日元升值大大加重了国家收支预算的偿债负担。

再次财政紧缩。 与前段时期同出一辙，贬值无法解决双重赤字问题。国家收支预算也要作出相应调整，而且此次规模更大。1986/87财年和1988/89财年的国家收支预算是更加紧缩的预算。税务改革开始奏效，提高了油气外领域税收，实际上也要求俭省各项支出。但光靠节约是不够的。根据"平衡收支预算"原则估算，还有需要弥补的缺口，唯一途径是增加软贷款。因此，这些年，印尼加大了对多国政府援助印尼集团的外交公关。中期后果是，国家收支预算更加依赖外援，这种状况虽不健康，但除了进一步砍预算外，别无他法。

金融领域改革。 1988—1989年度标志着金融领域大变革。1988年10月，政府公布一揽子政策，这是1983年6月一揽子政策的延续和扩大。制约银行业竞争的陈规被取消。如今，无论谁都可以按照比以往更宽松的条件开办银行。国有银行的运作空间扩大了,可以自由竞争招揽新客户、兜售新产品、开设分行、与其他金融机构合作。在印尼开业的外国银行被允许在一些省会城市开设分行,也可与本土银行合作开设合资银行(joint venture banks)。同时,印尼央行加强了监管制度,包括对银行资本充足率、外汇占比、放贷的法律界限等的监管。简言之,印尼银行业和监管制度都努力提升到其他国家已采用的现代标准。

这段时期,资本市场也出现大改革。与银行业改革同步进行的是,通过几项一揽子政策,资本市场开放度进一步扩大。国内企业发行股票的条件放宽了,设立证券公司,包括与外资合资开办的准字门槛降低了,外资获准进入股市更加便利。

贸易投资去监管化。还有一个重要目标,是提高印尼非油气产品在国际市场的竞争力,使印尼成为对国际投资具有吸引力的国家。尤其是自1986年起,为实现上述目标,印尼政府出台了一系列政策。其中几项如下:

第一项是去监管化政策。1986年5月,政府实行返税制度(draw back system),对产品出口不低于85%的企业进口生产资料免进口税,且享受豁免其他进口限制条例。实施该措施后,出口商的生产成本和其他费用得以控制。这项制度一直贯穿到90年代。

第二项是消除阻碍出口的行政壁垒。90年代前,政府针对出口章程和许可出台了一系列便利化和去官僚化政策,包括降低进口关税、减少进口非关税壁垒,取而代之的是更加透明的关税制度。

这两项措施的主要目的是增强印尼出口产品在国际市场上的竞争力。

第三项是在投资领域。印尼政府简化各种审批程序,放宽最低投资和撤资条件,与一些国家签署投资促进协议,这些措施使得印尼与其他投资目的地国一样具有竞争力。

取得了什么成果?

恢复宏观均衡,取得经济增长。"大刀阔斧"战略奏效了。短期宏观平衡得以恢复。1986年经常项目赤字为41亿美元,1989年为16亿美元。此后,受世界经济形势波动影响,印尼经常项目虽不至于像前10年那样出现危机,但也经历了跌宕起伏(见表7.1)。其中一个支撑因素是非油气出口全方位提高。1986年,第二波调整启动时,非油气出口才65亿美元,3年后,1989年达到139亿美元,7年后,1993年增长4倍,达到261亿美元,10年后,1996年增长6倍,达到363亿美元(见表7.1和7.2)。

表7.1 1983—1996年非油气出口和经常项目赤字

财政年度	非油气出口 (离岸,百万美元)	经常项目 (百万美元)	赤字/国内生产总值 (%)
1983	5367	−4151	2.5
1984	5907	−1968	1.0
1985	6175	−1832	0.9
1986	6731	−4051	1.9
1987	9502	−1706	0.8
1988	12184	−1859	0.8
1989	14493	−1599	0.6
1990	15380	−3741	1.4
1991	19008	−4352	1.5
1992	24823	−2561	0.8
1993	27170	−2940	0.8
1994	31716	−3488	0.9
1995	37138	−6987	1.7
1996	39591	−8115	1.9

资料来源:World Bank(1997),h.159。
说明:—:逆差。
1983年财政年度:1983年4月至1984年3月,此后各年度相同。

表 7.2　1986 年和 1996 年主要非油气出口

（单位：百万美元）

商品	1986	1996	1996 与 1986 年比(倍数)
机电产品	65	3563	54.8
胶合板	1004	3504	3.5
成衣	527	3086	5.9
纺织品	279	2626	9.4
橡胶	720	1875	2.6
铜	158	1387	8.8
纸浆和造纸	33	1353	41.0
棕榈油和棕榈籽	103	1004	9.7
虾、龙虾和金枪鱼	284	1045	3.7

资料来源：World Bank(1997)，h.160。

投资方面的去监管化也取得成果。表 7.3 记录了外资和内资投资的高速增长，尤其是在 90 年代。当然，并非所有审批的投资计划都落实了。但是，当时的投资确实就像其他数据显示的一样，增长令人瞩目，如固定资产投资占国内生产总值的比例从 1984 年的 23％增至 1996 年的 30％。

表 7.3　1983—1996 年已批准的内外资及在国内生产总值中的占比

年份	外资 （百万美元）	内资 （十亿印尼盾）	占国内生产总值比 （％）
1983	2882	—	25.1
1984	1107	1949	—
1985	859	3750	23.1
1986	826	4417	23.8
1987	1457	10265	23.9
1988	4435	14916	25.2
1989	4719	19594	26.6
1990	8750	56511	28.4
1991	8778	41078	28.3
1992	10323	29342	27.9
1993	8144	39450	26.3
1994	23724	39450	27.9
1995	39915	69853	29.3
1996	29913	100715	30.5

资料来源：World Bank(1997)，hh.189-190。

金融领域去监管化引起该领域行为主体快速甚至过快的反应。表7.4记录了1988年银行领域去监管化政策大规模实施起,银行贷款非同以往的增长。贷款增速过快,以致引起对贷款质量的担心,促使央行于1991年对银行收紧信用限制标准(谨慎条件)。贷款增长出现下降,但只是暂时的,很快又以每年25％的速度增长。有观点认为,这一增速与当时的经济增长率是相匹配的。

表7.4　1984—1996年银行贷款进度

年份	印尼盾贷款		外汇贷款*	
	以十亿计	增长(%)	以十亿计	增长(%)
1984	18223	—	590	—
1985	21454	17.7	703	19.2
1986	25945	20.9	457	−35.0
1987	31869	22.8	983	115.1
1988	42256	32.6	1745	77.5
1989	58975	39.6	4631	165.4
1990	85863	45.6	11833	155.5
1991	96055	11.9	17553	48.3
1992	101478	5.6	22211	26.5
1993	121287	19.5	29142	31.2
1994	152868	26.0	36142	24.0
1995	188947	23.6	45735	26.5
1996	234490	24.1	58431	27.8

资料来源：World Bank(1997)，h.175。
说明：*：转换汇率。

随着非油气出口和投资增长,经济增长逐渐提速。1986—1988年,印尼经济走出疲软,年均增长5.5％。8年之后,1989—1996年,年均增长7.3％,这一增长率只有当时的"亚洲虎"经济体才能达到。1984—1996年的13年间,消费者价格指数以年均8％的速度增长,1985年最低为4.3％,1993年最高为10.2％。1996年,即危机前一年,通胀率仅6.6％。(见表7.5)

表7.5　1986—1996年国内生产总值增长、人均增长、通胀率

(单位:%)

年份	国内生产总值	人均国内生产总值	通胀率
1986	5.9		9.2
1987	4.9		9.2
1988	5.8	1985—1990:4.5	5.6
1989	7.5		6.1
1990	7.2		9.9
1991	7.0		9.9
1992	6.5		5.0
1993	6.5	1990—1995:6.0	10.2
1994	7.5		9.7
1995	8.2		9.0
1996	7.8		6.6

资料来源:World Bank(1997),h.151、156。

新秩序时期,印尼政府坚持实行"平衡开支预算"原则,收到了期盼已久的成效。国家预算没再成为宏观失衡的原因。随着出口增长,国家收入日益摆脱油气收入震荡的绑架。受益于税务改革,非油气税收取得令人瞩目的增长。1986年,非油气税收仅为3.15万亿印尼盾,1989年达到两倍,达到6.55万亿印尼盾,1992年达到4倍,达13.88万亿印尼盾,1996年达到8倍,高达26.56万亿印尼盾。非油气税收对整个税收的贡献率从1986—1988年度的1/3变成1992—1993年度的1/2,1996年又提升到2/3。经常项目和国家收支预算都与新现实相得益彰。

表7.6　1984—1996年油气、非油气税收及在国家收支预算中的占比

财政年度	油气税收(%)	非油气税收(%)	国家收入(十亿盾)
1984	65.5	30.1	15930
1985	61.7	30.2	20939
1986	38.5	48.8	17385

(续表)

财政年度	油气税收(%)	非油气税收(%)	国家收入(十亿盾)*
1987	46.4	45.7	21731
1988	40.7	52.7	23414
1989	42.5	51.1	31504
1990	42.0	52.2	42193
1991	35.4	58.5	42582
1992	31.4	61.6	48863
1993	22.3	65.3	56113
1994	21.8	66.3	61370
1995	20.0	67.9	66265
1996	18.2**	72.4**	77375**

资料来源：World Bank(1997), h.168。

说明：*：含非税收。

**：预算计划。

脆弱的种子。盛筵狂欢之时，常对险兆麻木。以此比喻1996—1997年的情景恐不为过。当时正是印尼即将堕入60年代以来最严重危机的前夜。如今，十几年过去了，我们可以头脑冷静地重构当时事件，设问一下，为什么当时没人看到灾难降临的先兆？人总是很容易"风暴过后变聪明"。置身其中的人都很难看清真面目。例如，1997年5月世界银行报告开篇中有这样的语句："基于各种宏观指数，近期，印尼经济呈现良好的发展势头。"[1]历史给了我们教训，让我们现在成了聪明人，回头再看一下，当时大概有哪些征兆给我们发出早期预警呢？

经济快速增长，经常项目和国家预算稳健，通胀在控制之内，这一切的背后却隐藏着两个令人反思的现象，事后观察，也正是将我们拖入严重危机的两个重要诱因：一是1990年左右"经济泡沫"开始形成；二是金融业，尤其是银行业在金融改革后呈现治理疲弱。在第八章，我们会看到，还有两个重

---

[1] World Bank(1997).

第七章 1982—1996年：摆脱依赖石油，建设非油气产业

要诱因，即处理危机的对策以及当时的政治气氛，使得印尼比同样遭受危机的国家更加深重、延宕更久。现在，让我们回头审视一下危机前已现端倪的两大弱项之种吧。

泡沫。某一领域的"经济泡沫"，比如房地产或股市，都是因为行为主体连续几年轻易获利，以致头脑更加发热、忽略理性经济分析而造成的。非理性的头脑发热或称"非理性的激情澎湃"（irrational exuberance），一般是在经济较长时期处在良好状态后出现，也就是我们所说的经济"盛筵"之后。这种激情受到特殊形势支撑，即充沛的流动性投入经济活动，使气泡得到"注资"而不断膨胀，最终形成"泡沫"。

这就是危机前夕发生的一切。经济形势连续几年良好，催生非理性激情。80年代金融业改革为流动性开拓了一些新路，造成非理性心理膨胀。国外资金不断汇入印尼银行定存，以享受高利息，或者放贷给那些"激情四射"的企业，因为外国借贷比国内借贷"便宜"。后果是，印尼盾不断走强，国内银行业流动性泛滥。银行业去监管化使得各个银行可以充分将外汇转为本币放贷，导致银行贷款水涨船高。充足的流动性成为不断注入经济气泡使之持续膨胀的"空气"。如其他国家一样，泡沫不断变大的标志就是房地产价格猛涨、股票暴涨，各种资产价格异乎寻常地飞涨！到了某个阶段，这种现象也会蔓延到实体领域，表现形式就是上马各种大而不当的投资工程。有朝一日泡沫破灭，悲剧就会上演。理想的政策是阻止泡沫不断变大。但是，决策者面临的难题是，在现实中，常常难以区分究竟是非理性的激情或膨胀，还是正常的热情，应对举措通常姗姗来迟。

治理疲弱。金融业，特别是银行业，发展过快的话，容易掩盖该行业各种弱点。资本稀少、管理者能力极弱的新银行如雨后春笋般出现。不少银行最终只是一些工商集团为获取廉价资金和自我牟利而伸长的手臂。这些情况，再加上管理薄弱、企业治理规则尚未形成，使得银行业很容易发生不

健康的操作。另一方面，监管体制跟不上快速发展的速度。缺乏更加严格的监管法规，监管者能力和素质不高，都使得监管制度无法与金融实际业务发展相匹配。1991年，印尼央行采取严肃措施，加强对银行业的监管。但这似乎远远不够，而且也太迟了。许多国家，包括印尼在内的经验教训表明，金融业，尤其是银行业，是抵御危机体系中最薄弱的一环。

综述

1. 进入80年代，油价掉头向下。之前石油光环笼罩时期采取的建设战略无法再坚持，必须改变。国家收支预算赤字和经常项目赤字即双重赤字不断膨胀，必须采取必要的宏观政策加以克服，避免失控。同时，必须找到石油资金之外经济发展的替代发动机，以保持经济增长。

2. 采取的两波措施，都是宏观稳定政策与促进油气领域外行业增长和国家收支预算增长的有机结合。

3. 第一波(1983—1985)措施包括稳定政策，如贬值、紧缩开支、提高国家预算收入、削减预算、推迟耗费外汇的大型项目、税务和关税改革等。促增长政策包括银行业、贸易、投资等各领域去监管化。

4. 第二波(1986—1996)包括延续稳定政策，如第二次贬值、再次紧缩财政、与多国政府援助印尼集团谈判获得更多软贷款等。促增长政策包括在金融、贸易和投资领域更大范围地去监管化。

5. 成果令人印象深刻。双重赤字被控制在安全范围内，宏观稳定得到保持。最引人注目的成就，是启动根本性的结构调整。国家收支预算和经常项目对石油的依赖显著下降，经济增长源转向非油气出口，投资资金源转为政府预算外的来源，如银行、资本市场、外资和内资。

6. 然而，金融业全面去监管化孕育了新风险的种子——泡沫出现、治理滞后，当危机迎面而来时，成为危机进一步加重的诱因。

第 八 章

1997—2004 年:亚洲金融危机:
影响及应对

危机前夕 红灯没亮

正如我们在第七章中所说,通常用来观察印尼经济业绩的指标都呈现良好态势,甚至非常良好。一些业界人士(主要是印尼央行内部)隐约担心印尼经济"过热"(overheating),但没发现令人躁动的征兆。没有先兆预示一场深重危机即将破门而入。以下是几个良好指标:

- 经济增长。90年代后期,印尼经济年均增长7%,1997年中,增长率与前一年同期相比为7.4%,是亚洲增速最高的。
- 通胀。90年代初期,通胀年均为9%并趋于下降:1996年下降为6%,1997年6月为5.1%。
- 经常项目。这里需引起注意,但尚被认为不足忧虑。1990—1996年,出口值年增14%,但在1997年中,减弱为年均3%。同期,进口从15%减少为10%,以致经常项目赤字从之前占国内生产总值的

2％—3％扩大为危机前夕的4％。但这一缺口被短期注资、股票、直接投资等更大的资本流入填平了,这样一来,外汇储备快速增加。危机前10个月内,外汇储备增加38％,达到280亿美元。

印尼央行内部曾研究"过热"的可能性,包括审视上述指标。但总体心态认为"万事大吉"(all is well),不用杞人忧天。以下是另一些指标:

- 资产价格。资本市场持续亢奋。雅加达综合股指潮涨潮落,趋势是持续上涨。1995年底为514点,1996年为637点,1997年7月达到720点。危机前几年,房地产(住房、酒店、商场、写字楼)市场十分火爆,价格持续蹿升。危机前夕,房地产价格开始放缓,但仍维持高位,令人很难区分究竟是泡沫现象还是健康的经济亢进。

- 汇率、银行存贷款利率。正如我们在第七章中所说,由于入境的资本流庞大,盾币汇率趋于坚挺,贴近央行干预底线,意思是央行在持续买进汇入的美元。国内利率平稳,而银行定活存款和贷款利率快速上升。

当时的印尼经济处在经济盛世(economic boom)的浪尖。谁能想到,3个月后印尼就会陷入30年来最深重的危机呢?当时,哪怕对"过热"有一丝惶惶不安的隐忧,最终也都被光鲜亮丽的数据业绩风吹云散了。历史的教训对每个人都至关重要,尤其是对掌握印尼经济命门的管理者们,它警示我们:危机随时到来,务必常备不懈。

危机初始阶段

传染。 年初开始,关于泰国金融风暴的消息已不绝于耳,但直到1997年7月初泰国开始让泰铢采用浮动汇率,都只是耳鸣般若隐若现。此后,资本好似一路向西的朝觐者,倾泻似地逃离亚洲,引起包括印尼盾在内的地区货币出现震荡。与之前任何时期不同的是,盾币汇率走势出现逆行,即从汇率干预底限走向干预上限。意思是,印尼央行每天不得不出售外汇储备来维护汇率不逾越干预汇率。央行的外储持续减少。但出人意料的是,对印尼来说,这只是更猛烈风暴的开始。

最初对策。印尼最初的对策是将央行干预面从8%(央行中间汇率+/−4%)扩大到12%(央行中间汇率+/−6%)。增加汇率浮动空间,意在使盾币立即找到新的平衡点(当时预计或者说希望离新的干预汇率上限不要太远),同时减轻对外储的压力。事实上,汇率依然震荡并持续使干预汇率上限承压,央行不得不继续卖外汇。接下来,央行采取了附加方针,为刹住对外汇的需求,进一步紧缩金融政策,逐步关闭初级货币(核心货币)增长闸门,同时利率开始上升。

在一般汇率波动形势下(这也是当时政策制定者们看得到的),上述举措理应能抑制汇率波动。然而,外汇市场却树欲静而风不止,进一步使干预上限承压,外汇储备不断减少。1997年8月14日,政府决定完全放开央行干预界限,印尼终于放弃"有管理的浮动汇率制"(managed floating),实行"完全浮动汇率制"(fully floating)。这一举措的目的是确保所剩外储的安全,同时促使盾币迅速找到新的平衡点,希望在此平衡点上恢复稳定。

恐慌。事实上,新的平衡汇率并未如期而至。盾币持续走弱,丝毫没有趋稳迹象。这一经历留下了重要教训,告诫我们,在非常时期(恐慌时期),需求与供给调节机制想实现新的动态平衡,几乎也是失常的。(当时发生的)恐慌创造了持续向右移动的需求曲线(kurva demand),因为失常的心理占了上风,人们纷纷逐物趋利,这里指的是外汇,无论今天什么价位,总害怕明天不可再得或者价位更高。这种状态下,新平衡无法达到,只能完全放开需求和供给,这就是浮动汇率制的实质。其实,应该做的是为恐慌治本,即稳定市场人心。但在当时的决策者看来,恐慌的根本原因尚不清楚。信息不全,以致在实际中运用经济学解决现实问题(即时分析,analisis ex ante)与事后研究分析评论当时事件(analisis ex post)有很大区别。最重要的区别在于,决策失误会对经济造成致命影响,而分析错误顶多只是论文不被通过(见知识盒8.1)。

▶▶▶ **知识盒8.1**

实践中的经济政策

现实中运行经济政策与事后(ex post)研究、分析施政效果、检验理论学说、制作数量经济学模型等的学术活动截然不同。第一,经济政策制定者通常面临动态形势或问题。事情在不断变化之中,以致获取的信息要么滞后,要么不全。第二,面对层出不穷的问题,决策者受时间制约需要迅速议决、果断拍板、及时应对。第三,对策出台往往是政府相关部门协调的结果,有时还要有行政机构外的机构参与,如议会。由于要兼顾上述部门的不同观点,甚至有些观点可能调子不同、步子不齐,因此,应对措施要么从一开始就方向明确、目标坚定,要么就是求同存异、兼容并蓄的妥协产物。第四,决议形成的政策"思想"未必都能在"现场"操作层面贯彻落实。此时,官僚机构作为现场执行者具有决定性作用。第五,现实中的经济政策通常不是一蹴而就的(决策、实施、收官),而是一个收集反馈、适时调整的动态过程。第六,政府针对问题采取的政策或对策也会引起其他经济行为体如市场主体、外资、公众等的反应,接下来,针对相关反应,政府会出台新的应对措施。以上过程循环往复,不断发展。这种思维模式是互动式的,更像是以博弈论(game theory)来研究问题。

什么原因导致恐慌？ 最初，任何人（包括决策者）都很难搞明白到底发生了什么。过了一段时间，才逐步明白这不是一次寻常的市场风波，而是一场严重的市场恐慌。主要导火索是国外进入本地区的资金流戛然而止，甚至逆向流出，使得外汇供需严重失衡。该地区所有货币高度承压，汇率急剧动荡。接下来的阶段，多年来对充盈外汇（美元）习以为常的各国实业界突然感到难觅美元满足日常需求，如进口生产资料、分期偿还外债等。美元严重匮乏，本币持续贬值，这刺激了实业界大量购汇的欲望。

在印尼，还有一个因素强化了购买美元的欲望。多年来，政府实行有管理的浮动汇率制给了印尼实业界一个定心丸，即：（1）盾币汇率只会在有限的振幅内上下波动，每年涨跌可以预期；（2）当汇率触及干预上限时，央行自动干预，确保外汇供应充足。8月中旬实行完全浮动汇率制后，这颗定心丸没了，实业界愈发焦虑，逢美元必买。接下来的阶段，这种心理开始扩散，从那些经营中确实需要美元，包括偿还美元债务的大企业开始，传导至那些实际经营活动基本不靠美元的中小企业，再蔓延到社会大众，后者担心持有的印尼盾会越来越不值钱。对那些喜欢看曲线图思考的读者来说，这种状况可以描述为对外汇的需求曲线持续向右方上升，而供给曲线则相反向左方走低。后果是，美元暴涨，一发难收。

后续对策。 面对1997年8、9月汇市震荡，印尼政府和央行进一步收紧银根和财政。在金融领域，央行债券（SBI）利率从11.627%提高到30%，重新祭出"苏马林撒手锏"。政府命令几家大国企以"多余"流动资金购买央行债券（这意味着央行从流通中回收货币）。在财政领域，需要大量外汇和政府资金（约130亿美元）的一些大项目推迟上马。这些做法令人联想到80年代的政策举措。当时，这一方针成功抑制了汇市震荡（1984、1987、1991）。但这次失灵了。汇市继续震荡。实行浮动汇率后一个月间，印尼盾兑美元汇率从2400盾兑一美元变成3000盾兑一美元，贬值25%，而且继续下跌。

政府只能改弦更张。

应对汇市动荡而收紧银根,对银行业产生了严重的副作用,造成了流动性短缺。对美元趋之若鹜,导致客户从银行大规模提取印尼盾以抢购美元。这种从盾币转换成美元的行为扰乱了银行流动性管理,特别是当美元从这家银行提取转存到另一家银行,或带出国外或藏在枕头底下时,情况更甚。印尼央行采取的收紧银根政策增加了银行管理流动性的难度,不仅美元更加匮乏,甚至印尼盾也出现短缺。

这些情况诱发了8月中旬(从金融银行(Bank Danamon)开始)在一些银行出现挤提(rush)或排长队取款的现象。面对应接不暇的客户长龙,银行流动性更加困难,被迫求助央行才能保证正常营业。同时,印尼央行也面临复杂的决策难题。如果不为问题银行提供流动性支持,那些银行将面临停业或倒闭。在当时的恐慌气氛中,这种情况一旦出现,局势将更加严重,问题会扩散到其他银行。如果银行间债务——复杂的连环贷网络——这一银行日常运作的根本依靠出现违约,那么就会出现"多米诺骨牌"效应。然而,另一方面,如果央行提供流动性支持,就要放松银根,这意味着对外汇需求放开手刹。选择第一条路对稳定将造成更大风险,因此,只能选择第二条路。央行开始发挥最后贷款人(lender of the last resort)作用。一旦流动性确实枯竭,只有央行能为经济创造流动性。这时候,印尼央行流动性援助(BLBI)政策出台了。在危机时刻提供流动性是每个央行的中心任务。由于银行监管制度薄弱,印尼央行流动性援助(BLBI)"生出是非"。此外,同样重要的一点是,不少银行的"企业治理"相当糟糕。还有些人趁着危机和管理薄弱的空子,拼命牟取私利。金融领域的去监管化的确促进了经济增长,但也带来风险,此时恶果尽显。要以清醒的头脑强化对金融机构的监管制度,要求金融机构改善"企业治理",这是将风险降到最低的关键之举,而不是在危机时刻打开闸门,匆忙行使"最后贷款人"的职能。话说回来,如果在流动性危机的形势下,不及时行使"最后贷款人"的职能,经济风险将会更大。

由于情况继续恶化,1997年10月初,政府决定邀请国际货币基金组织(IMF)帮助解决危机。

与国际货币基金组织合作计划

战略大纲。1997年10月第二周,国际货币基金组织遣使到来,与政府小组一道制订解决危机的计划。当时,会诊的结论是:受泰国危机诱发,市场对印尼经济"信心"动摇,导致印尼出现"中等"程度的金融动荡。

为恢复市场平静,主要采取三项措施:(1)在已经执行的基础上,进一步收紧财政金融政策,以实现国家收支预算盈余1.3%的目标,制定基础货币增长上限;(2)整顿银行业,关闭16家"患病"银行(起初国际货币基金组织认定34家银行"患病",经过与印尼央行长时间谈判,同意关闭16家);(3)在实体经济领域实施一系列调整措施(以推动"结构性改革"而著称)。第一项措施主要是调控社会上的流动性,抑制对外汇的需求;第二项措施加上对一批银行采取整改措施(必须限期作出整改,如仍处在病态,即刻关门清盘),意在恢复市场和公众对银行业的信心[1];第三项措施目的是给市场信心,使其相信印尼经济依然向好,印尼政府会认真处理实业界和其他市场行为主体面对的各种障碍。

---

[1] 被整顿银行的名单都在政府/央行手中,但没有对外公布。

> > > 知识盒8.2

与国际货币基金组织的合作机制

从1997年10月印尼政府邀请国际货币基金组织帮助克服危机到2003年12月决定结束合作计划,政府解决危机的政策都载入与国际货币基金组织的协议文件"合作意向书"(Letter of Intent,LOI)中。合作意向书指的是政府在未来几个月将采取的政策举措。在每一份合作意向书执行结束时,国际货币基金组织小组会来到印尼,评估双方协商一致采取的措施是否得到良好贯彻(注:在"危机"形势下或形势发展过快时,合作意向书每个月更新一次)。

(1)如评估良好,取得的进展将在国际上公之于众,政府将有资格得到国际货币基金组织软贷款来增强外汇储备。接下来,政府和国际货币基金组织将谈判今后几个月在新的合作意向书中确定的政策举措。照此持续。

(2)如进展不如人意,也会公之于众,但政府将无资格获得软贷款。如政府和国际货币基金组织就需改进的工作业绩没有达成共识,就不会签订新的合作意向书。与国际货币基金组织的合作计划就会"悬而不决",市场就得不到令人信服的"进展报告",也就无助于恢复对印尼经济的信心。事实上,国际货币基金组织的评估影响着国内外市场的信心。

在与国际货币基金组织的合作过程中,印尼经历了第一种和第二种状况。一个遭遇危机的国家与国际货币基金组织合作的重要目标,不单是为获得急需的软贷款,更是为恢复市场对政府政策的信心。在合作意向书中,公布解决问题和克服经济弱项的举措,让市场一目了然,是培育信心的重要一环。市场信赖国际货币基金组织对政策的评估,密切监控实际进展。因此,国家"报告"影响着每个人的看法。

1997年11月1日,开始实施解决危机计划,国际货币基金组织提供100亿美元贷款,用以支持外汇储备;世界银行和亚洲发展银行提供80亿美元贷款,用来支持国家收支预算。上述贷款在3年内分期发放。(11月)国际货币基金组织首批发放的贷款为30亿美元,用于急需时外汇干预,期望盾币币值从11月初的3600盾/美元(危机前为2400盾/美元)降为3000—3500盾/美元。通过采取上述三项措施,期望盾币币值在新的汇率上保持稳定。接下来,期望带动经济恢复常态。当时估计,危机会使得之前年均7%的经济增长在1997年降为5%,1998年仅为3%,然后逐年回升,恢复到危机前的7%。这些计划显然是过于乐观了!

为什么计划失败

以上就是1997年11月在首份协议文件或合作意向书中所包含的解决危机的基本计划。接下来的发展显然事与愿违。计划受挫的原因主要有以下几方面:对银行业状况的信息不全或不准;关于私企外债信息寥寥;没有为倒闭银行储蓄提供全面担保;政策落实没有连续性以致降低了计划可信度。让我们逐一梳理。

信息不准:银行状况。当时关于银行业的信息显然不准确,以致得出的结论和计划依据失准,落后于现实状况。根据得到的信息,只有一些小规模银行确实不健康,其他都是健康或病症较轻。结果,第一份合作意向书没有包括作为根本的银行重组计划。

信息误差:私企外债。私企外债的状况与银行业大同小异。危机爆发时,关于私企外债的信息实际缺失,以致政府很难果断拿出明确态度处理汇市动荡。在与国际货币基金组织准备工作计划时，曾经作了份快速调查，以搞清债务规模和结构，结果显示：(1年期内到期应偿还的)私企短期外债约330亿美元，远远超出当时的外汇储备。实际数字也许比这大得多。加上当时尚未意识到(短期和长期)几乎所有外债都没有汇率保护或对冲(hedging)机制。企业借款是美元，收入是印尼盾，一旦美元起价和紧俏，就失去机制保障。企业之前完全靠央行有调控的浮动汇率制，按照预期汇率获得所需美元，自从盾币币值放开浮动后，央行不再为此兜底。这成为众多企业纷纷抢购美元导致汇率蹿升的导火索。政府对私企外债信息不准，早期判断这类外债应由私企自行解决，导致私企外债问题没有纳入1997年11月与国际货币基金组织的合作计划，事实上也造成了持续恐慌。

当时需要大量外汇来偿还私企外债，也决定了外汇供需平衡努力是否成功。缺乏解决这一问题的良策，成为无法抑制人们加大对外汇需求的原因。1998年1月起，政府才意识到这一点，在私企债务问题上，逐步改变最初不闻不问的"袖手旁观"(hand-off)政策，转而执行积极支持成立债务人和债权人论坛，协商解决债务问题的政策。政府甚至提供一些便利条件，鼓励双方达成协议。这一努力成果体现在1998年6月达成的法兰克福协议中，但到1998年9月才实施。这之后，企业对美元的抢购实际上停止了。

没有全面担保存款。这是导致失败的决定性因素。16家银行清盘引发漫天谣言，说是政府对一些"类似"状况银行要有新一波倒闭潮。谣言导致人们拥入那些中枪银行挤提，转存到其他银行，把存在私营银行的资金大规模转移到估计不会倒闭的国有银行和被认为实力强大的外资银行。银行间存款大规模异动，扰乱了银行流动性配置，导致真正健康的银行因难以获得稳定的流动性而中招患病。

关闭16家银行也向公众表明，国家银行业状态不良。政府宣布将对储户2000万印尼盾以下的存款提供担保，但仍无法抑制人们不断升腾的消极心理,即使政府宣布短期内不会再有银行倒闭,也无法安定人心。

几年后,国际货币基金组织总结说,如果当时对存款采取全面担保体系(blanket guarantee)的话,也许人心早已稳定。当形势进一步恶化并演变成银行业全面危机后,印尼才于1998年初采取全面担保。全面担保能终止银行业坍塌,在1998和1999年银行业大规模重组(包括关闭银行)时能提供保护伞。

以上这一切的后果是,印尼央行必须提供流动性支持,为面临流动性困难的银行给予支撑,而这类银行的数量持续增加,导致基础货币(M0)和货币供应量(M1)不断膨胀,远远超过合作意向书计划确定的目标。接下来的后果是,上述第一项计划没有收到减缓购买外汇需求的目标,汇市仍然失控。

这里需要提醒的是,从决策者角度看,有两个主要目标是相互抵触的:一是支撑银行不倒;二是遏制货币供应量增长,以控制汇市和通胀。历史上,任何一次银行业危机都面临这种两难困境。最终,一石二鸟,两个目标都需达到。然而,在某一时间节点和基于现场应急处置的判断,决策者被倒逼到二者中必优选其一。越是快刀斩乱麻,越能产生效果。可惜的是,直到1998年1月底,印尼才明确作出优先选择,决定对存款全面担保,并成立了全国银行整顿机构(BPPN)。这一举措将清盘银行和全面重组银行业带来的"多米诺骨牌效应"降到最低。此后,1998年3月,抑制广义货币的真正紧缩政策开始实施,接着是对银行业全面整顿,包括关闭一大批银行。这一"兜底担保"举措使两个相互抵牾的目标可以兼得。

政策落实虎头蛇尾和信用问题。第一份合作意向书计划遭遇挫折,还有一个因素是市场角色认为政府推行计划不彻底。一项缺乏可信度的政策在市场眼里是无效的。

有几个事件诱发了对计划信任度的下降。首先,在16家被关闭的银行中,有一家安德罗梅达银行,据说凭借与一些政要的关系,采取一些手段后改头换面,换了个阿尔法银行的新名字重新开张。消息传开后使得计划的信用度大打折扣,给人造成政府在实施计划中虎头蛇尾的印象。其次,1997年9月推迟实施15个大项目,以节省外汇、支持金融紧缩,据报道在那些"所属人"的压力下这些项目又"起死回生"。这引起市场怀疑政府落实政策的承诺是否可靠。最后,由于实业界敦促实施量化宽松政策,内阁中针对金融政策发出了意见相左的信号,让市场看到央行的利率政策方向不明,并与公布的金融目标相互矛盾。在市场角色的眼里,这种期望值与现实政策之间的步调不一体现在央行(1个月)债券利率(SBI)的变化中。危机之初,为收紧流动性,央行在1997年8月19日将央行债券利率从11.625%提高至30%。不久,在实业界和银行业的压力下,开始放宽流动性,从1997年9月4日起连续降息,到1997年10月20日,央行债券利率降为20%,并一直保持到1998年1月。因此,在金融政策上,1997年11月计划中提出的金融紧缩举措(第一项举措)实际上根本没有完全落实。直到形势日益失控,在1998年3月朝着恶性通胀发展后,金融政策才真正收紧。

1997年11月3日,计划启动两天后,盾币币值因市场积极预期和大规模外汇干预而回升。但由于上述原因,在接下来的日子里便急速掉头向下,一贬再贬。汇市持续恶化,人们对银行业乃至对政府的信心严重动摇。历史再次重演了形势急转直下的局面。11月,最初的汇市动荡演变成"有限的银行业危机",12月,发展成"全面的银行危机",扩散为"支付体系堵塞"(我们之后还会探讨)。1998年1月,以上危机演变成连带实体经济停滞的"经济危机",最终酿成1998年5月政权轮替的"政治危机"。

危机为何恶化

政治因素和资本逃逸。1997年12月,据报道说,苏哈托总统生病,需休息10天,这引起公众和市场对政治因素的关注,即政权交接是否出了问题。尽管后来总统康复并重回岗位,但政治不确定性已成为问号:人们质疑,万一总统真的不能行使职能,政权和既定经济政策能否有效延续呢?

接下来的几个月,这个问题加上一些地区连续发生社会骚乱(特别是反对华族的骚乱),成为资本大规模逃离印尼的重要原因。人们不仅将钱从一家银行转到另一家相对安全的银行,而且担心国内没有安全感,又纷纷向国外转移。不光转移现金、存款等流动资产,而且将土地、住房、商铺、企业、汽车等固定资产变现(出售),将所得现金转移国外。这种资本外逃不同于危机之初的外资撤资,或者那些有美元债务又得不到对冲担保的企业抢购美元,而是人群广泛的公众行为。这导致了盾币币值完全失控、金融体系和经济体系支柱坍塌,尤其是城市现代生活领域乱象纷呈,因此,这次资本外逃推动危机全面冲顶。

支付体系梗阻。起初,当金融动荡扩散到实体领域时,危机也发展到更严重的阶段,引起生产骤降、工人下岗、企业倒闭,或者说是"经济危机"。金融领域的动荡与实体领域通过三个途径传导:一是危机初期流动性短缺,让实体经济陷入困境并逐渐演变成经营支付困难、经营活动受阻;二是最要命的因素是,支付体系堵塞造成各种商业活动无法进行;三是资本逃逸,使上述二者的影响雪上加霜。

为什么支付体系梗阻会影响实体经济业绩?因为随着危机恶化,盾币动荡更加不羁,币值更加无法确定。这种形势下,从事经济活动的人更愿用现金交易,放弃使用"正常"时期广泛采用(以信用为基础)的交易体系。这使得交易过程变得很麻烦。对银行的不信任促使现金交易必须按实际金额("真实存在"的现金而不是银行账户上的数字)来进行。这种非正常现象愈演愈烈,每况愈下。最初,商品和服务的卖家愿意接受印尼盾现金,但随着币值持续下跌,他们更倾向选择收美元,尽管双方买卖交易是在国内完成。

这种使用美元的交易偏好使得支撑经济交易的流动性更加短缺。1997年12月与国外的支付体系完全停滞后,银行业处境更加艰难。印尼的银行(除了外资银行)开出的信用证在国外被视为无效,导致进口商必须支付外汇现金来完成进口。这种现象直到危机过去几年了依然存在,印尼的银行一直被外国支付正常系统所排斥。

自然因素:厄尔尼诺现象。我们在之前章节中已经提到,印尼经济受气候因素影响大,特别是厄尔尼诺现象导致旱季延长。1997/1998年,厄尔尼诺现象肆虐,粮食严重减产,农业生产急剧下降,森林火灾多处可见。

各种灾祸似乎串通好了一并降临印尼。粮食减产,支付停滞,外汇匮乏,进口困难,银行信用证失效。结果,大米和其他食品价格飙涨。1998年上半年,米价上涨2倍,全年上涨近3倍,30年前的恶性通胀仿佛又在眼前。大米是战略物资,价格上涨带动其他物价全面上涨,社会上再次出现抢购潮。同时,实体经济停滞造成大规模下岗潮。贫困线下人数骤然猛增,社会问题益发严重。各地相继爆发社会骚乱。经济危机演变成社会政治危机。

改变战略

1998年1月,印尼面对一连串的问题:盾币失控,食品等主要商品物价飙涨,产业活动停滞,城市出现下岗潮,银行业一地鸡毛。因为第一份(1997年11月1日)合作意向书铩羽,(1998年1月15日)第二份合作意向书、(1998年4月)第三份合作意向书及之后的一系列合作意向书中,都作了战略转变。转变不仅体现在宏观政策,而且体现在微观政策上,特别是在整顿银行业方面。

金融政策紧,财政政策宽。财政金融政策组合拳(policy mix)从最初的财金双紧政策(但正如我们前面所说,在落实中,金融政策是宽松的)变成财紧金宽政策。改变宏观政策协调的主要考量是现实所迫,不得已而为之。一是经济活动急剧减退。(1998年国内生产总值下降13%,意味着1/7的国家蛋糕瞬间消失!)造成了十分严重的社会经济影响。二是年初物价上涨一发不可收拾,1998年通胀接近80%。

经济活动(国内生产总值)骤降的原因是以城市现代生活为代表的实业界由于金融/银行业停滞而瘫痪。尚存一线希望的唯一领域是通过国家收支预算支持的政府领域。因此,为了尽快减轻社会经济影响,新战略确定,提供足够的资金来支持基本公共服务(九种生活必需品①、健康卫生、教育),特别是救助贫困群体和受危机影响最严重的那些人。于是出台了一个集约式新计划,当时称作"社会安全网"(JPS)。尽管预算赤字膨胀,但必须采取这一紧急措施。

全面整顿银行业。最紧迫、最复杂的微观政策是整顿金融领域,特别是瘫痪的银行业,使之能重新正常运作,为正常经济活动提供支持。我们看到,第一份合作意向书的计划中涉及该领域的举措半途而废,公众对银行业的信心几乎荡然无存。

上面我们已经提到,进入1998年,政府面对自相矛盾的双重目标困境。一方面,银行业出现流动性短缺,要支持其不倒,需要央行大规模注入流动性。另一方面,增加流动性必然增加货币流通,推动币值下跌和通胀上升,到头来,会使银行状况进一步恶化。这一恶性循环必须斩断。

关键是,一旦停止注入流动性,就要建立一个机制来管理那些凋谢零落的银行,将对金融和经济形势的影响降到最低。这就是1998年1月27日采

---

① "九种生活必需品"(Sembako)系指1998年2月27日发布的印尼工业和贸易部长第155号指令中确定的九种基本生活品,包括大米沙谷米玉米、砂糖、碘盐、蔬菜水果、牛肉鸡肉鱼肉、食用油、牛奶、鸡蛋、煤油和石油液化气等。——译注

取的重要举措。当时,政府宣布:(1)对银行客户和债权人的基本权益提供全面担保,即兜底计划,该计划针对所有银行,包括被改组、合并或者关闭的银行;(2)组建国家整顿银行机构(BPPN),奉命对银行业全面重组,包括实施再注资计划和担保计划等。

银行整顿战略不是一开始就万事俱备只欠东风的计划,而是一个在实施过程中经过尝试和调适的成长战略。从最终形式看,该战略包括以下几个重要环节:

1. 对所有本国银行实施担保计划,恢复公众对银行业的信心。

2. 为稳定人心,对所有银行进行严格审计,准确确定各家银行真实状况。

3. 根据审计结果,以客观透明的标准对银行甄别归类,按不同待遇和条件确定整顿范畴。

4. 采用清晰客观的标准,筛选出相对"良好"的银行,"帮助其康复",尽快恢复正常营业;对那些状况太"糟糕"的银行,最佳选择是让它寿终正寝。那些倒闭银行的储户和债权人的钱,由政府通过担保计划给予支付/保障。

5. 通过三种方法为银行治病疗伤:一是由国家银行整顿机构接管重组;二是由国家银行整顿机构接管(购买)"不良"资产,使银行甩掉坏资产后,能轻装上阵;三是政府对银行再注资。

6. 因为实施第5项措施,银行将所有流动资产(包括股票)交给政府,那些已知违反银行业规定,如违反法定贷款界限的银行业主需交出资产,由国家银行整顿机构管理,以便日后出售来填补政府整顿银行业而拿出的资金。这就是国家银行整顿机构的"资产回收"功能。

7. 国家银行整顿机构管理的股票将全部出售(资本退出计划),政府所属银行的政府股票将部分出售(私有化计划),以便减少政府在银行业的作用。

8. 银行整顿任务完成后，国家银行整顿机构（作为紧急状态下的应急机构）将解散（2004年2月底落实）。此后，整顿银行业的功能完全在央行掌握中，而全面担保计划也转变为对存款的有限担保计划，并由（2005年9月成立的）存款担保机构即LPS管理。在国家银行整顿机构撤销时，未卖出的流动资产移交给（2004年4月成立的）政府全资企业资产管理公司（PPA）。

以上就是银行业"大扫除计划"的要点。从危机爆发时的救市到危机后的整顿，一个完整计划的核心目标是要使印尼国内银行业重新发挥作用，提振瘫痪的经济活动。这是我们国家实施的最完整计划，也许是世界上最全面的计划之一。我们为此付出昂贵的代价，但为了这个国家经济和社会政治活动能够存续，这一步必须走。

实施计划

如何实施？我们需要记住，新战略中的宏观和微观目标是一环扣一环的，必须同步达到。首要举措是如何停止向银行注入流动性并避免银行体系垮塌。停止注入流动性，意在稳定宏观环境，无论微观层面怎么做，都必须创造这一条件。实施担保计划，是冀望在重组或关闭银行时消除公众恐慌。国家银行整顿机构的任务是全面整顿银行业，使之重新恢复支持国家经济活动的功能。当时已经意识到，如果银行业不能发挥资金源和起搏器的功能，实体经济将无法苏醒，下岗潮将会持续，社会骚乱将会蔓延，国家生活将会堕入深渊。

宏观环境正常化。第一份稳定经济形势的合作意向书政策失利的负面影响，在1998年初持续了几个月。主要原因不是合作意向书的本质错了，而是落实过程受到愈发不利的政治环境干扰。此外,政府发出令人迷惑的新信号——成立货币管理署制度(Currency Board System,CBS),将盾币汇率钉死在当时某个汇率之下——这个举措与合作意向书中达成协议的浮动汇率制政策背道而驰。计划中途夭折,市场变得更加困惑和举棋不定。

1998年5月,苏哈托向哈比比移交权力,印尼政府更迭后,形势才发生变化。新政府与国际货币基金组织修复关系,达成实施更加良好的政策。哈比比总统执政时期,一系列合作意向书的修订使新战略中的政策措施更加犀利。

1998年7月,在哈比比总统执政时期的第一份合作意向书中,实行了宽松预算。当年的国家收支预算赤字设定为国内生产总值的8.5%,主要用于支持社会安全网和基本生活品供应。这么庞大的赤字将影响中期宏观平衡,显然不可持续。因此,又制订了新计划,要求随着经济和社会形势改善,逐步减少赤字,并最终实现预算平衡。

相反,由于当时我们面临的形势是恶性通胀——人们不愿持有印尼盾,因此实行了金融紧缩政策。唯一解决的方法,是抑制货币供应量增长,使公众逐物心理(即不愿持有印尼盾的心理)恢复正常。与60年代做法一样,如果我们希望公众再次愿意持有印尼盾,就要给他们比(实际利率)通胀率更高的(利率)回报。这就是1998年3月以后央行采取的措施。基础货币的增长——准确地讲是国内净资产——被严格控制,而利率则放任其涨至接近通胀率的水平。(1个月期)央行债券利率从每年的22%涨至1998年3月的45%,4月涨至50%,5月涨至58%,其后一路上涨,8月达到70%。银行存款利息总是比央行利率高。庞大的预算赤字不能持续,只是应急之需。这次也一样,上述紧缩金融政策会扼杀经济活动,也是不能长久的。然而,苦药必须服用。实行这个政策,并同步实行拧开进口龙头,尤其是食品进口龙头的政策,恶性通胀就能制服。1998年78%的通胀率在1999年降到只有

2%,之后金融政策逐渐宽松。

印尼盾汇率也降了下来。1998年,盾币汇率日益失控,非常容易波动,印尼盾持续走弱,年中曾经跌落到17000盾兑1美元。此后,印尼盾掉头向上,一路走强,1998年10—11月回升到7000—8000盾兑1美元。这一汇率在整个1999年是基本稳定的。这是一个令人瞩目的成绩。

如果还有一个宏观经济业绩未能令人满意的话,那就是经济增长率。1998年印尼经济萎缩13%,绝大部分经济行业一蹶不振。1999年,印尼经济只增长2%,经济复苏尚需时间。金融业正在整顿,无法对经济给予全面支持。新的政策倡议呼之欲出。这成为下届政府的任务。

哈比比总统的执政于1999年10月结束。阿卜杜拉赫曼·瓦希德总统上台时,各界寄予厚望,希望政治更加安定,政府的经济计划能够顺利实施。然而,事与愿违,翘首以盼的事情没有到来。2000年1月达成的新合作意向书发出一个信息。这份意向书里,有一长串复杂的经济结构性改革清单,太过雄心勃勃。看来,无论印尼政府还是国际货币基金组织,都忽略了政府执行力的局限性。协议达成的内容与切实能做的实践反差如此之大,逃不过市场敏锐的感觉。市场对政府计划的信心大打折扣。

同时,落实计划的整体环境也比之前更加恶劣。市场捕捉到内阁传递的观点莫衷一是,于是对政府究竟想做什么疑窦丛生。没过多久,政府与央行之间出现摩擦,政治斗争意味浓厚,这无助于让市场对财政金融政策协调一致保持信心。更致命的是,政府与国会的关系恶化了。

这段时期,达成的计划没能很好落实,与国际货币基金组织的关系日趋紧张,市场信心衰减。印尼盾开始走弱,重新大幅波动。1999年底,比价约为8000盾兑1美元,2000年4月,滑落到11300盾兑1美元,当年8月,强力抬升至9500盾兑1美元。同时,通胀从1999年的2%涨到2000年的9.4%,2001年涨到约13%。而经济增长从1999年的0.8%提升到2000年的5%,之后又于2001年回落到3.6%。简言之,经济稳定呈疲弱动荡,经济活动似再陷低潮。

2001年8月,梅加瓦蒂总统内阁执政。新经济班子聚焦于最基本要素,即恢复市场对政府计划的信心。因此,政府下决心改善与国际货币基金组织的关系,达成了更加务实的新目标,实施推进也更稳健。当时,宏观政策的基本思想有以下几点:扎实的稳定是恢复增长的前提条件,市场信心是稳定的决定性因素,因此,战略重心是恢复市场信心。稳定有了坚实持续的保障,利息就能连续调降,为实业注入资金支持,带动投资和经济增长,一个持续稳定和经济增长的局面将指日可待! 当时,国内外市场持续存疑的主要问题是:政府有能力管理由于危机负债累累的金融吗?因此,那段时间,稳健的财政成为宏观政策主调。这也是梅加瓦蒂总统执政时期经济战略的主旋律。

2001—2004年这段时期,国内政局大为改善,与国际货币基金组织的沟通重新顺畅,经济计划得以更好落实,稳健的财政政策得以贯彻,信心和稳定逐渐恢复。但经济活动尚未全面复苏。这段时期,印尼盾汇率稳定,保持在9000—9500盾兑1美元,通胀从2001年的13%降到2004年的6.5%。同期,利率从10%以上降到不足7.5%。雅加达综合股指(IHSG)翻了一番,从370点升至700点以上。梅加瓦蒂总统执政39个月间,政府债务占国内生产总值比从100%降至60%,并呈继续下降之势;国家收支预算赤字保持在国内生产总值2%以内。这段时期末尾阶段,市场对印尼财政延续性的质疑之声基本消失。

然而,经济尚未令人信服地强劲复苏。2001—2004年,增长率从3%提高到5%,这一业绩远不如印尼之前一些时期取得的增长,更不足以解决失业和贫困问题。看来,印尼还需加倍努力,不断推出新倡议和新举措,假以时日,才能重新驶入经济增长的"高速公路"。

重振银行业。国家整顿银行机构组建之后,快速投入运作,1998年2月,确定54家"患病"银行处于其监管之下。1998年4月,该机构再次出手,宣布冻结(关闭)7家规模相对较小的银行运营,并接管7家大银行,包括1家国有银行,即进出口银行Bank Exim。所有纳入国家整顿银行机构旗下的银行都将重组。

计划实施并非一帆风顺。在落实过程中,银行业主们发起强烈抵制。如果重组,他们将失去对银行及其所有资金的控制权。他们具有很强的公关游说能力。1998年4月22日,财政部长宣布,48家银行,包括6家政府所属银行脱离国家整顿银行机构的监管。由于解除监管的标准和理由不明,市场对政策充满狐疑,国家整顿银行机构的信用度顿时降低。

印尼政府出现更迭前夕,1998年5月中旬,中亚银行(BCA)遭到大规模"挤提"。央行注入大量流动性,才使得这家最大的私人银行免于崩塌。其结果是,银行被政府接管。

哈比比总统执政时期,国家整顿银行机构获得更大授权并免于政治压力,信用度逐渐恢复。当时,银行业重组和再注资目标大部分都完成了。采取的具体措施见知识盒8.3。

▶▶▶ 知识盒8.3

整顿银行的措施及成效

银行业整顿是按部就班进行的,措施更细化。纲要如下:

- 对所有银行进行审计,已经开始的,要加快步骤,但结果要分期取得。

- 1999年初,绝大多数银行(150家)的审计完成,审计结果作为下一步政策依据。按审计结果,上述银行将分为三类:A类(资本充足率CAR高于4%)54家;B类(资本充足率为负25%至4%)56家;C类(资本充足率低于负25%)40家。值得注意的是,所有政府所属银行除了一家外,其余都归于C类。这就是当时我们银行业的现状。

根据审计结果,采取了如下政策:

对私人银行:

• A类不需实行再注资计划,但需要制订商业计划报央行同意,管理层需通过央行的任职资格测试(fit and proper test)。

• B类需实行再注资计划。

• C类必须合并或关闭。规定银行业主在一定期限内增加资本金,提高银行级别。

按照再注资计划,银行应该达到4%的资本充足率。政府(以政府债券形式)提供80%的资本金,其余20%由原银行业主自筹。在落实过程中,政府再注资的债券是以持有该银行股票的形式。因此,再注资计划的结果是对银行业实行"国有化",提高政府对银行业的控制率!

在酝酿磨合一段时间后,最终于1999年3月13日,基于审计结果,政府确定38家银行(17家C类、21家B类)关闭,9家银行被再注资。多亏有了担保、透明标准和对政策的良好推广,此次关闭银行没有引起类似于1997年11月的动荡。市场反应积极。1999年,3家政府所属银行(商业银行BBD、印尼人民银行BRI、国民储蓄银行BTN)被再注资,10家银行被国家整顿银行机构接管(金融银行Bank Danamon和一批小银行),计划实施合并,这一过程到2000年才完成。

> 1998年底,印尼银行数量为179家(危机前是238家),组成结构如下:4家政府所属银行、27家地方建设银行、91家私人银行、57家混合制银行(合资银行)。
>
> 在哈比比总统执政末期,健全银行业的核心计划基本上执行完毕。在阿卜杜拉赫曼·瓦希德总统及后来的梅加瓦蒂总统执政时期,银行业重组和再注资基本计划完成后,国家整顿银行机构的职能更多是处理掌控的资产管理问题,使之重新焕发活力的价值能被最大化,并完成从银行业的撤出计划。由于上述资产价值巨大,关联交易受到公众高度关注。但从基本任务落实的角度看,也就是单纯从整顿混乱不堪的银行业来看,国家整顿银行机构较好地完成了使命。在该机构(2004年4月)解散时,印尼银行业已经能重新正常运作,并为经济复苏提供支撑。

危机使国民经济付出了全面代价,耗资数量之巨难以计数。1998年,国民生产总值的13%蒸发殆尽,几年过去了,印尼经济仍处于低潮,成长动力熄火。从微观看,数以百万计的人下岗,缺乏足够的医疗卫生和教育保障,食品价格昂贵令人不堪重负。政府只能通过发行债券形式解决直接支出问题,债券发行多达620.9兆印尼盾,主要包括央行援助金(BLBI)144.5兆印尼盾、给银行再注资等其他筹资方式476.4兆印尼盾(188.2兆盾给私人银行,288.2兆盾给国有银行)。同时,根据2006年金融监管局(BPK)审计结果,国家整顿银行机构可以归还的金额为188.8兆盾(或者说回收率达30.39%)。危机代价十分高昂。其深刻的教训是,一旦危机难以避免不期而至,切勿信马由缰,听任其走向失控,应尽可能采取一切预防性措施,付出的代价越少越好。

▶▶▶ 知识盒8.4

解决危机大事记

根据形势发展,对合作意向书的协议内容作了调整。但实施起来,并非总是得心应手。其中,改变的内容和落实情况如下:

苏哈托总统执政时期

1. 与国际货币基金组织合作之前(1997年7—10月):汇市动荡。包括财政紧缩、采取浮动汇率制、银行间利率急升、对银行业注入流动性(采取最后贷款人措施)。汇市动荡难以遏止。

2. 第一份合作意向书落实阶段(1997年10月):从国际上(国际货币基金组织、世界银行、亚洲发展银行)筹集资金以支持与国际货币基金组织的合作计划、实行财政金融双紧缩政策、整顿银行业(关闭16家银行)。但并没有解决问题,形势继续恶化。

3. 第二份合作意向书落实阶段(1998年1月):更宽松的财政政策、逐步停止向银行业注入流动性、对存款实行全面担保(托底保障)、组建国家整顿银行机构。实质性措施更加优化,但因为决策环境无法保障,形势急转直下。

4. 第三份合作意向书落实阶段(1998年4月):实质性措施得到进一步完善,包括将解决私企债务战略纳入其中,拔掉汇市动荡的主要引信。但由于国内政局更加不利,措施几乎无法落实。

哈比比总统执政时期(1998年5月—1999年10月:17个月)

1. 在此期间,为应对瞬息万变的动荡局势,8次更新合作意向书(1998年6月24日;1998年7月29日;1998年9月11日;1998年10月19日;1998年11月13日;1999年3月16日;1999年5月14日;

1999年7月22日)。

2. 确定克服危机的主题：一是坚定采取货币紧缩政策，抑制汇市投机和恶性通胀；二是通过社会安全网计划，克服危机造成的社会影响，提供补贴，保障生活必需品需求；三是继续整顿银行业，包括担保存款、再注资、合并或关闭银行；四是坚定实行确保政府"资产回收"(asset recovery)的政策；五是解决私企债务。

3. 政治形势跌宕起伏，但经济领域取得一批成果：宏观经济稳定，整顿银行业的核心计划实际上已完成，但经济未恢复增长。该时期结束前，巴厘银行事件①引起轩然大波，对政府经济计划实施造成干扰。

阿卜杜拉赫曼·瓦希德总统执政时期(1999年10月—2001年7月:22个月)

1. 当时，合作意向书更新4次(2000年1月20日；2000年5月17日；2000年7月31日；2000年9月7日)。

2. 该时期政策主题：一是继续实行整顿银行业和资产回收计划；二是继续处理私企债务；三是实行财政分权。

3. 初期政治气氛比之前更安定，但后来因为政府与国会对立升级而逐渐恶化。合作意向书中的经济计划未能完全落实。政府与国际货币基金组织出现分歧，合作意向书的实施"悬而未决"(无落实)

---

① 巴厘银行(Bank Bali)事件缘起于1997年亚洲金融危机冲击印尼时，1998年起，该银行因难以收回印尼国家商业银行(BDNI)、国家大众银行(BUN)和迪亚拉银行(Bank Tiara)等银行的欠债，求助印尼整顿银行机构和印尼央行，获批注资，后发现政府决策机构违背谨慎原则，有严重的违规操作，并有个别政党人士等政治因素和利益掺和其中，一度引发激烈政治斗争。该事件涉及国家资金约9000亿印尼盾，造成国家损失约5460亿印尼盾。哈比比总统的政治前途亦曾受该事件影响。时任央行行长沙比林、银行整顿机构副主席卢比斯等多人多次被检控，庭审判决在有罪无罪间多次反复。2004年，卢比斯被判入狱4年并服刑。2009年，沙比林被判入狱2年并服刑。因其他涉案人未归案，至今仍未了结。——译注

近一年(2000年9月7日—2001年8月27日)。政府与金融机构(印尼央行)也发生龃龉。市场对政府经济计划的解读趋于负面。汇市再起风波。经济重新出现动荡。

梅加瓦蒂总统执政时期(2001年8月—2004年10月:39个月)

1. 本时期内,更新了3次合作意向书(2001年8月27日;2001年12月13日;2002年4月9日)。

2. 政策焦点:一是稳固财政状况可持续性(fiscal sustainability)、理顺财政机构和金融机构关系,加强协调运作,恢复经济稳定;二是促进经济增长;三是完成银行业整顿和资产回收计划;四是私有化。与国际货币基金组织的合作计划基本完成,做好准备和保障工作,确保2003年底计划终结。

3. 政治氛围(包括政府与国会的关系)更加有保障。绝大部分政策都按部就班完成。稳定得以恢复,只是经济增长尚未达标。在最后一年(2004)中,由于大选等政治活动突显,经济计划让位;直到2004年10月,新政府重新上位。

综述

1. 对经历了30年令人瞩目的经济增长和生活改善的印尼来说,亚洲金融危机造成了空前浩劫。风暴突然来袭,以前所未有的迅猛之势冲击印尼。资金大规模倾泻外流。80年代末,也曾发生资本外逃,而且很快就能化险为夷。但此次规模更大,病因更深,旧方下药、老套治疗,完全失灵。

2. 企业、银行和其他主要经济活动主体多年来习惯于在受调控的浮动汇率制、在可预期的情况下获得国外资金,突然间不得不面对外来资金枯竭和无法预测的完全浮动汇率制。这驱使他们的行为变得带有投机性,使外汇市场形势更加糟糕。在接下来的发展中,公众也纷纷效尤,导致资本大范围外逃,局势全面失控。

3. 然而,导致最坏局面出现的是银行业危机。关闭银行又不提供全面保护伞,使得人们对国内银行丧失信心,储户大规模取款转移到更安全的地方(枕头底下、政府所属银行、外资银行,或者都不放心,干脆转到国外)。1998年初,在实施完全担保后,这一糟糕局势才得以收拾。但是,我们的银行业已经是一地鸡毛,正如我们在本章所说,整顿该行业付出了十分高昂的金融和社会代价。

4. 危机造成的影响不单是金融领域,而且通过停止输血的支付体系传导到实体经济,造成下岗潮和企业大规模破产。不仅如此,又逢大旱天灾,导致印尼人的主食——大米价格在1998年间涨了三倍,诱发社会动荡,其后演变成政治动荡。在上述因素同时作用下,印尼遭受危机的深重程度远远超过本地区其他危机国家。

5. 危机中可资汲取的教训很多。我们从中懂得,该做的事勉力为之,不该做的事避免为之;学会让自己更加聪明,睿智直面未来危机。

第 九 章

2004—2014 年：复兴、危机、出口"繁荣期"

两个危机的故事

2004 年底，印尼彻底走出 1998 年危机，基本实现复苏。这个复苏过程比其他受危机影响的国家要长得多。由于印尼经历的是经济危机加政治危机，而其他国家并未出现后者，因此，在所有受危机影响的国家中，印尼损失最为惨重。我们也注意到，应对风暴的初步举措没有对症下药，使得危机创面比应有程度严重许多。虽然做了战略转变，但新秩序之后的三届政府在政策实施上大相径庭，并深受政治形势发展的干扰，最终，在经过 6 年康复治疗后，印尼才走出低谷，重新起步。表 9.1 对印尼和其他同样遭受危机打击的国家作了横向比较。其他国家基本上在 1999 年或危机爆发两年后已经复苏，我们则因为政治因素影响失去了 4 年时间。

表 9.1　1996—2004 年遭受亚洲金融危机的几个亚洲国家的经济增长

（单位：%）

年份	印尼	泰国	马来西亚	韩国
1996	7.8	5.6	10.0	7.6
1997	4.7	−2.8	7.3	5.9
1998	−13.1	−7.6	−7.4	−5.5
1999	0.8	4.6	6.1	11.3
2000	5.0	4.5	8.9	8.9
2001	3.6	3.4	0.5	4.5
2002	4.5	6.1	5.4	7.4
2003	4.8	7.2	5.8	2.9
2004	5.0	6.3	6.8	4.9

资料来源：ADB Database。

2004 年底，发生了一起重要事件。梅加瓦蒂总统向苏希洛·班邦·尤多约诺总统完成了权力交接。这是印尼共和国历史上首次通过总统直选实现权力过渡。整个民主选举过程和平而顺利。当时的主流民意认为，印尼即将迎接一个民族复兴时代。幸运之神已经来到门口。没过多久，世界市场上，大宗出口商品、原材料，包括我们的主要出口商品如棕榈油、煤炭、铜、橡胶等全线涨价，印尼获得了意想不到的天赐恩惠。然而，福祸相依。在苏希洛执政的第四年，灾祸降临，而且同样是意想不到。世界发生了金融危机，观察家们称之为 30 年代世界大萧条以来最严重的危机。是祸躲不过，我们也受到殃及。值得一提的是，尽管这次是世界范围的震荡，但我们却安然地度过危机。我们没有再让危机走向失控。表 9.2 显示，危机对我们经济增长的影响比本地区其他国家轻得多，经济复苏也比其他国家快得多。为什么？一个重要原因是国内政局稳定。不仅如此，我们还做到了未雨绸缪，应对及时、处置得当。我们充分吸取了 1997/98 年的惨痛教训。本章将着重探讨 2008 年危机及应对措施，以及之后的经济发展动态；章末会做一下前瞻，展望未来面临的挑战。

表 9.2　2006—2012 年遭受全球金融危机的几个亚洲国家的经济增长

（单位：%）

年份	印尼	泰国	马来西亚	韩国
2006	5.5	5.0	5.6	5.2
2007	6.3	5.4	6.3	5.5
2008	6.0	1.7	4.8	2.8
2009	4.6	−0.7	−1.5	0.7
2010	6.2	7.5	7.4	6.5
2011	6.5	0.8	5.3	3.7
2012	6.3	7.3	5.5	2.3

资料来源：ADB Database。

2004—2008 年：危机前的气氛

如前所述，本时期之初，国内绝大多数人认为，印尼经济正待重新起飞。6 年来，在错综复杂的政治转型中，我们按部就班、行之有效地修复了 1997/98 年危机造成的创伤，完成了该做的工作。2004—2008 年，印尼经济呈现了相当稳健的发展势头。

本时期，我们需要提及影响后续经济发展的三大事件：

亚齐海啸。这是第一大事件。2004 年 12 月底，我们遭遇亚齐海啸这一空前灾难，生命财产蒙受巨大损失，社会影响异常深重。值得庆幸的是，该事件未对国民经济造成消极影响。印尼政府和国际社会反应迅速。短时间内，调动了大量资源并采取了果断有效措施。这场灾难也带来了一大收获，即达成了赫尔辛基协议①，结束了长达几十年的亚齐冲突，为该地区发展扫

---

① 系印尼政府与亚齐独立运动（简称"亚独"，GAM）2005 年 8 月 15 日在芬兰首都赫尔辛基签署的和平协议，由印尼时任法律和人权部长哈米德与"亚独"总负责人马利克签署，共分 6 条 16 款，涉及亚齐的政治、经济、人权、特赦和重归社会、安全、组成监督团、争端解决诸方面。"亚独"3000 武装人员解除武装，亚齐实现除外交、国防、国家安全、财政金融、法律和宗教自由政策决定权外的全面自治。通过该协议，印尼解决了持续 30 多年的亚齐冲突。——译注

清了障碍。随着政治安全局势的改善,各方都希望亚齐能享受"和平红利"——加快经济发展和提高人民生活水平。

油价高涨。这是第二大事件。油价不断攀升,造成国家收支预算中补贴负担加重、油气进口大幅增长。2003年底,(布伦特)油价为每桶30美元,2004年底,升到每桶40美元,2005年底,更达每桶60美元。2005年,国家收支预算中的20%需用于燃油补贴。同时,油气进口上涨造成印尼经常项目日益吃重。如果说前些年经常项目还保持顺差的话,那么2004年则一下子出现逆差5亿美元,2005年,逆差扩大到30亿美元。双重赤字问题再次降临到我们头上。

金融市场捕捉到这一形势变化,迅速作出消极反应。雅加达综合股指(IHSG)下跌,汇市又起风波。形势继续发展,促使政府出台政策,在2005年两度提高燃油价格,3月,标准汽油涨价33%、柴油涨价27%;10月,再次大提价,标准汽油提价88%、柴油提价105%。年底,金融市场重新企稳。但这还不是故事的结局。世界油价继续上涨,并达到高点,2008年第二季度,达到每桶120美元。国内燃油价格依然滞后,与国外价格变动脱节。燃油补贴和油气进口重新膨胀。这促使政府于2008年5月再次提高标准汽油价33%、柴油价28%。

出口上涨潮。这是第三大事件。伴随着世界油价上涨潮,2005年始,我们的主要出口商品价格全面上涨。受益于出口商品价格上涨,国家收支预算中,国家收入和出口增加,消除了对国家收支预算和经常项目状况的担忧。2006年起,国家收支预算赤字减少,经常项目出现盈余。表9.3记录了这一发展。至少在2008年底金融危机爆发前,金融市场平安无事。

表 9.3　2004—2008 年燃油补贴、国家收支预算赤字和经常项目

年份	燃油补贴		国家收支预算（兆盾）	经常项目（十亿美元）*)
	兆盾	预算占比		
2004	69.0	16.2	-23.8	-0.5
2005	95.6	18.8	-14.4	-3.0
2006	64.2	9.6	-29.1	+10.9
2007	83.8	11.1	-49.8	+10.5
2008	139.1	14.1	-4.1	+0.1

资料来源：Bank Indonesia, Statistik Ekonomi dan Keuangan Indonesia。
说明：*）+：盈余；-：赤字。

经济增长。在这段时期(2004—2008)，直到金融危机爆发前夕，经济增长逐步从 2004 年的 5％提高到 2008 年的 6％。请参阅表 9.1 和表 9.2。与之前时期(2000—2004)只达到年均 4.5％的增长相比，这是个显著进步。但如果我们以新秩序 30 多年间年均 7％的增速为标准的话，可以说，印尼尚未发挥出最大的增长潜力。

国内外许多分析家持上述看法。政府也持同样看法。如果我们谈到经济增长，必须要谈到最重要的资源，即投资。这段时期，投资活动尚未恢复。因此，当时经济政策的主题是如何促进投资。政府采取了几项重要举措，其中包括制定两部关于投资和经济特区的法律，简化审批手续，给予税收激励等。但在实际落实中，有的还算可以，有的则只停留在桌面上。直到这一时期结束，仍听到投资者抱怨劳工法加重了劳动密集型产业的负担。可以说，政治上努力颇大，收效甚微。

有数据表明，当时投资未能全面激活。在国家层面上，由于 1998 年危机，固定资产投资数据惨不忍睹，一直到疗伤阶段结束时，仍未有起色。之后，2004—2008 年，固定资产投资数据有所提高。新秩序时期，固定资产投资数据很高，数十年来占国内生产总值的 30％—31％。1997/98 年，这一占比骤降到 20％，然后逐步提高，到 2004 年达到 24％。部分原因是上述政

策奏效，因而固定资产投资占比持续提高，2008年接近28%。在克服了2008年金融危机后，固定资产投资占比达到几乎与新秩序时期比肩的程度。然而，有研究指出，投资构成仍以楼宇建设为主。劳动密集型产业投资尚未达到所期望的增长值。对基础设施的投资份额远不如新秩序时期的水平。

2004—2008年，年均通胀率约为9%，略高于之前的8%，燃油调价是导致通胀走高的原因之一。

2008—2009年：危机和解决过程

危机震中。现在，我们来回放一下危机前的气氛。当时，国家总体形势平安无事。从2007年中开始，印尼已经听到关于美国次贷问题、银行流动性困难以及欧洲的一些消息。[1] 我们听说美国、英国和欧洲的政府和金融权威机构对出现困难的几家银行及其保险企业采取了救市（bail out）措施，但大多数人仍然认为，事态的发展并不关己，对自己影响不大，直到2008年9月，大型投行雷曼兄弟关门。这一事件是爆炸性的，很快扩散到本地区，导致亚太金融市场陷入混乱。市场流动性突然间枯竭。本书并非探讨全球金融危机的爆发过程，而是关注危机如何像滚雪球一样传导到国内，我们对此作何反应，成效如何。

危机和流动性。每次金融危机中，有一个普遍现象存在于危机漩涡中，即经济中的流动性会突然鬼使神差地受阻。流动性对于经济就好比血液对于人体。血流突然梗塞的话，就会对心脏、大脑及身体其他部位造成影响。

---

[1] 次贷（subprime loans）是银行向一些储户群体提供的购房贷款，以所购房抵押。这些储户群体是还贷能力凑合甚至令人质疑（subprime）的那些人。但由于当时房价持续上涨，银行预估房屋价值将攀升，故敢于放贷。可到了一定节点，"泡沫"破灭，房价大跌，这些贷款顿时成为坏账，导致很多银行倒闭。

流动性管道受阻,所有经济领域都会牵一发而动全身。在印尼这种开放型经济中,流动性有两种:外汇(美元)流动性和本币流动性(印尼盾)。在实际生活中,两种流动性互动互补。一种受阻会直接影响到另一种的状态。然而,从金融管理当局的角度看,最重要的区别是如何管理它。

如果出现外汇流动性短缺,唯一的解决办法是使用金融管理当局(央行)手里的外汇储备。央行干预外汇的能力受其当时所持有的外储所限。当然,央行能通过多借美元增加外汇储备,但通常是有限度的,也需要时间,不能在需要时即刻向市场投入美元。①

央行解决本国货币(印尼盾)流动性短缺的空间相对来说要宽松得多。一旦本国其他机构(包括政府)无法输送流动性,央行作为"最后贷款人"的作用便具有战略意义。原则上讲,央行能够无限地创造本国货币流动性,可以基于创造流动性是帮助还是危害经济的判断,自行决定界限。历史上,最后贷款人就是金融机构处理金融危机的撒手锏。最近的例子就是,发达国家央行在处理 2008 年危机时大规模运用的政策,即量化宽松(Quantitative Easing,QE)政策。通过该政策,央行创造了流动性增量,注入流动性枯竭的经济,采取的方式是大规模购买企业有价证券和债券。除了央行之外,没有哪家机构(包括政府)能够做得到。

让我们来看看 2008 年危机发生时,印尼都做了些什么。

全球资金归巢。9 月中旬,雷曼兄弟破产引起世界金融体系震荡。本地区顿感流动性短缺。从 2008 年 10 月初起,印尼市场出现流动性干涸,状况持续恶化,11 月和 12 月达到巅峰。出现流动性匮乏的原因是,之前全球资

---

① 有两种在原则上可以马上兑现的贷款,即"应急贷款"(standby loans)和"双边货币互换"(bilateral swaps)。当之前达成的条件满足时,两种贷款就能发放。过去,印尼曾使用国际货币基金组织和世界银行的应急贷款来解决危机。印尼与东盟+3 国家都有双边货币互换机制,但从未试过,不知在需要时是否真正管用。除了兑现机制尚未完备外,如果出现 2008 年危机时那样各国同时遭受危机的情况,各国都会节省外汇储备。

金投资发展中国家证券和股票市场,在发展中国家周转,如今却陆续"归巢"。出现了一股全球性"去杠杆"(deleveraging)潮,即全球投资者大规模卖掉手中的印尼盾股票和证券,购买美元和其他货币,转回本国。

受其影响,印尼金融市场出现动荡。雅加达综合股指(IHSG)高空跳水,从2008年中的2500点急跌到11月的1200点。同时,印尼国债(SUN)价值也随之急贬。国债收益比从10%直升至逾17%,短时间内涨幅惊人。这反映了持有者希望尽快兑现流动性(印尼盾)以便购买美元后撤出。[①] "证券市场"投资者的这种行为造成盾币"以稀为贵",并伴随着美元比价升值。外汇流动性和盾币流动性双干涸,使经济活动和金融活动更加困难。

银行和企业都苦不堪言,尤其是那些当时需要延期还债或寻求新贷的银企。获得贷款,特别是美元贷款难上加难,如有信贷放出,收费也相当高。主要有两个原因:一是放贷方要求的市场利率或回报很高(由于全球性流动性短缺,要求与全球利率涨幅同步);二是借贷方作为无法偿还的担保金即违约贷款保证金[②](Credit Default Swap,CDS)担保通常要按基准利率最高点支付保证金的,门槛更高了(与危机时全球无力偿还应承担的风险程度同步)。11月,印尼借贷方需支付的违约贷款保证金(CDS)从之前的2.5%调高至10%甚至更高。对高度依赖国外信贷运营的银行和企业来说,流动性更趋紧张。

国内银行:没有保护伞。国内银行的困难不止于此。本地区国家金融当局采取的政策与我国采取的政策具有明显的差异,也诱发了更多复杂因素。

10月,当雷曼兄弟事件日益引发全球流动性短缺,威胁到有关国家国内

[①] 印尼国债(SUN)系每月给予印尼盾固定回报的债券。如果(二级)市场价格下跌,市场价格百分比的回报率(yield)就会上升。

[②] 在此提一下,国内不少大银行和大企业都处于这种状况。

银行正常经营时,一些国家或地区,如新加坡、马来西亚、中国香港、澳大利亚、中国台湾等重拳出击,对银行所有存款提供全面担保(托底担保)。正如我们在第八章所说,这一举措是在银行陷入困境或清盘倒闭时,担心出现"多米诺骨牌效应"和系统风险而采取的非常举措。这一政策措施的指向性很强,反映出上述国家和地区金融机构洞察到系统风险的严重程度,尽管其银行体系比印尼要先进得多。

在印尼,银行业、实体经济行业甚至央行都建议政府实行全面担保政策。然而,最终却没有落实。印尼采取的举措只是存款担保机构(LPS)将担保上限从1亿印尼盾提高到20亿印尼盾。理由是,担心央行援助金(BLBI)事件再次重演。但正如我们在第八章看到的,全面担保不是央行援助金出台的原因,而是当初在为银行"大扫除"时拯救银行业的工具。1997年11月,正是由于没有实行全面担保,清盘银行触发了对银行的不信任危机,引起各种灾难性后果。在银行业危机和支付体系危机达到顶点后,1998年1月,才宣布全面担保政策,但落实是在当年3月。此后,全面担保成为拯救和整顿银行业计划不可分割的一部分。

长话短说,不提供全面担保,国家银行业需要面对额外的问题,即储户(尤其是那些存款超过20亿印尼盾的储户)忐忑不安,开始把钱转汇提供全面担保的新加坡和其他实行同样政策的国家和地区。这种资金外流潮从10月起就热气扑面,11月和12月更是浪潮滚滚。印尼银行业不仅需面对全球"去杠杆",而且还要承受因不提供全面担保而使资金流到国外的痛苦。

小银行的问题:银行间货币市场梗阻。全国银行业流动性枯竭严重,迫使3家大型国有银行请求政府注入15兆印尼盾来支持运营。但是,中小银行面临的流动性问题却无法缓解,这些银行的流动资产本就有限,通常依赖银行间货币市场拆借(PUAD)资金来支持日常运营。在正常情况下,大银行通常充当货币市场供款者，中小银行则充当借款者。危机发生造成银行间货币市场拆借这一银行群体运作的生命线梗阻。大银行因为在向市场放款前必须确保自身流动性安全，突然停止供款。因此，中小银行承受着流动性危机最严重的后果。印尼央行数据显示，2008年三季度（6—8月）和四季度（9—12月），银行间货币市场拆借日交易量流向中小银行的部分锐减40%，使后者的正常运营处于举步维艰的棘手困境。

系统风险上升。 危机给印尼及其他国家造成的巨大压力莫过于此。对经营银行的人、货币市场经营者，当然也包括金融当局和政府来说，危机让人如坐针毡，有时甚至令人窒息。银行的流动性瞬息万变，决定了银行能否与其他储户或其他伙伴银行完成交易。危机气氛中，一家银行支付违约的消息会引发储户大排长龙，并被迅速炒热，成为有损该银行的负面信息。如果我们以1997年11月的经历为镜鉴，可以看到，当时关于其他银行也有"类似"支付违约问题的谣言会不胫而走，引发储户纷纷蜂拥银行挤提。一旦大众恐慌心理扩散失控，后果将难以估量。2008年，印尼金融当局和政府采取应对措施，成功避免了这一乱象重演。公众即使感觉到有问题，也没有出现恐慌，其关注点更多是在美元汇率的变化上。美元汇率从2008年10月至12月一路急涨。公众纷纷追涨，搞美元投机交易，最终加重了流动性问题。图9.1记录了印尼盾比价变化。稳定汇率成为金融当局在危机形势下必须正面迎战的其他"战场"。

为抑制汇市动荡，印尼央行对外汇市场进行了大规模干预，尤其在11月，但收效甚微。美元汇率保持上涨势头。到2009年一季度，印尼盾掉头回升，逐步走强。但这不是印尼央行干预的结果，而是市场认为印尼能相对安全地走出2008年11至12月的危机。市场心理开始向好。同时，印尼央行的外汇储备从年中的590亿美元持续减少到年底的510亿美元。

我们来看看政府和金融当局为抑制和战胜危机都做了哪些事。

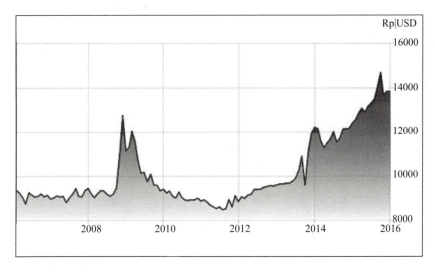

图 9.1 2008—2016 年印尼盾兑美元汇率走势图

紧急状态政府条例。政府意识到国内外形势愈加严峻,于 10 月中旬颁布三项临时约法政府条例(Perppu)——危急状态下出台的法律文件。2008 年第 2 号临时约法政府条例扩大了银行从央行通过短期支付便利(FPJP)获得流动性贷款而抵押资产的范围,强化了央行作为最后贷款人的职能。这一精神与美国央行(美联储)及其他央行通过采取我们之前介绍的量化宽松政策(QE)等措施以扩大央行"最后贷款人"职能同步同调。2008 年第 3 号临时约法政府条例旨在强化危机时期存款担保机构(LPS)的作用。2008 年第 4 号临时约法政府条例是关于货币系统安全网(JPSK)的,规定了防止和处置危机的有关机构机制、工作方式和协调范围等。三个临时约法政府条例为采取必要措施提供了法律依据。

行动步骤。处置紧急状态的法律依据既已建立,紧跟着的是政府与金融当局联手采取各种举措。如前所述,政府于 10 月向出现流动性困难的 3 家国营银行注资 15 兆盾现金。政府还加快了国家收支预算支出部分的发放,取消了计划中的国债(SUN)交易,以免造成流动性进一步紧张,下令国企从股市回购（buy back）股票。

然而，放松流动性的重担落在金融当局肩上。尤其是2008年第2号临时约法政府条例明确指出，央行应发挥最后贷款人职能，设法调动有关金融工具进行调控。与其他国家做法一样，此事顺理成章、势在必行。10月中，金融当局采取了一系列措施，包括降准（GWM），将银行在央行的准备金及流动资产分别从9％降为7％（印尼盾）、从3％降到1％（外汇），小银行的准备金则更加简化；为进一步缓解外汇流动性紧张，取消了对银行短期外汇贷款日常账户的限制，掉期便利（即银行将美元"质押"在央行以获得所需的印尼盾流动性）时限从7天延长到1个月。此外，在2008年最后3个月，印尼央行向外汇市场大规模投放美元进行干预。所有举措确实能够减少流动性紧张，但影响显然是有限的、临时性的。

流动性紧张的状况仍在持续，越来越多的银行愈发痛苦煎熬。当时，印尼央行像其他国家的金融当局一样，用好最后贷款人的工具——向银行提供短期借贷便利（FPJP）以确保银行业正常运作。为落实2008年第2号临时约法政府条例，印尼央行于10月底颁布短期借贷工具规定。由于形势发展太快，11月中，对规定作出修正，以应对日益恶化的危机。

起初，印尼央行行长理事会倾向于认为：听任银行倒闭的风险很大，可能引起多米诺骨牌效应，尤其在关于运用兜底担保的建议遭拒后，形势更加堪忧。1997/98年的惨痛经历令人记忆犹新，央行行长理事会几次会议总是愁云笼罩，对可能发生连锁反应（系统性影响）忧心忡忡。

大约在10月的第三周，印尼央行与本地区金融当局，特别是其国内银行业与印尼银行业关系密切的新加坡和马来西亚金融当局进行沟通。当对方告知已提供兜底担保时，印尼央行对系统性风险的担心被证实不虚。鉴于本地区已出现恐慌心态，印尼应当机立断采取措施，而不是将自己暴露在不必要的风险之下。

接管一家小银行,挽救整个银行业。10 月底,当一家小银行"世纪银行"(Bank Century)出现严重流动性困难时,印尼央行政策的严肃性受到考验。这家银行过去曾有问题记录,危机爆发时,已处于银行监管机构严格监管之下,正努力寻求投资者改善资本状况和更换管理层。在危机影响下,其状况愈发严重。10 月底,该银行面临流动性困难而向央行求助。印尼金融当局面临两种选择:让这家问题银行关门,还是支持其不倒,但要承担很高的系统性风险。如果从微观上将该银行视为一个孤立自主的实体,那么就作出第一种选择。但金融当局的任务是确保金融体系稳定,因此必须从更广范围即宏观上来看问题。两种选择中,哪一种更有利于金融稳定,理所应当就是首要选项。印尼央行内部以及之后央行与财政部之间就上述考量作了多轮探讨,进行了充分的比较论证。

讨论中,1997/98 年的经验教训被反复拿出来对比参照。最主要的教训是,危机时,如果不提供全面担保而关闭银行,哪怕是小到芝麻大的银行,也会有引发多米诺骨牌效应的高风险。另一个教训就是,多米诺骨牌效应的后果无法预估,就像 1997 年 11 月和 1998 年 1 月发生的情景一样,付出的代价或造成的损失难以估计。2008 年危机爆发时,央行分析师指出,一旦关闭世纪银行,那么 23 家与其同级别的银行也会难以自拔。

正如我们在第八章中讨论的,现实版的经济学与学术研究的经济学是不同的,后者重在事后(ex post)分析,即事件发生过后。前者需根据当时面临的现实处境、已有信息迅速决断,不得延迟,并且准备承担一切后果。

读者也许听说过金融操盘者(及外交官)圈子里在管控风险时流行的一个理据,即与其作出未知风险(代价)的选择,不如作出已知风险(代价)的选项。在英语中,有句众所周知的话:It's better to deal with the devil you know than the devil you don't know,翻译过来就是"与魔鬼打交道,选择已知的好过选择未知的"。危机形势下,这一理据十分适用,因为不确定性使得管理公众心理更加困难,管理好了,就牵住了管控危机的牛鼻子。救活或接管银行的风险和代价是有定数的,关闭或听凭其倒闭适值公众心理脆弱时期,风险则是未定数。在切实关闭之前,是否会引起"多米诺骨牌效应"既未可知,也不可预估。任由世纪银行倒闭,付出的代价究竟比1997/98年引发的后果大还是小,没人能够预计。各国经济危机史上,从来没人能够预计"多米诺骨牌效应"的强度和方向。只有在一切都发生"过后"我们才知道,但为时已晚,机不再来。"预防性"阶段已经错过,我们已经进入"治疗"阶段,只能修复那些无法挽回的损坏。经验表明,治疗修复措施实施的代价是十分高昂的,因此,不要与未知的"魔鬼"打交道!

假如采取"兜底"措施,可选项也能顺势应变。1998/99年的经验显示,全面担保能稳定人心。第八章曾叙述,1997年底发生过储户蜂拥到银行挤提事件,而1998和1999年虽然也关闭了一批银行,但没有出现类似现象。显然,不提供全面担保而听凭银行倒闭,不是谨慎(prudent)和负责任的选择。知识箱9.1列举了处置世纪银行的简略大事记。

▶▶▶ 知识盒9.1

处置世纪银行大事记

2008年10月中—10月底:

- 颁布3个临时约法政府条例。作为后续行动,央行和政府联手采取举措放松流动性,包括放松短期借贷便利(FPJP)(10月20日:开始研究修改央行关于短期借贷便利的条例PBI;10月29日,修改央行条例PBI);

• 新加坡和马来西亚金融当局知会印尼央行,他们采取了"兜底"政策。而印尼未能效仿。印尼央行行长理事会作出结论,不采取"兜底"而听任银行倒闭,将使经济陷入险境。

• 2008年10月底,世纪银行出现资金困难,提出请求,希望从央行获得财产抵押便利的流动性担保。

2008年11月:

• 11月5日:央行行长理事会讨论世纪银行请求。结论是:拒绝请求,银行业主应以自有资金或从投资者处寻求支持,来克服困难。该银行被置于印尼央行下属银行监管一局特别监管下。银行开始启动寻找投资者。

• 银行业流动性整体状况和世纪银行处境持续恶化。银行进一步加大力度,寻找未来投资者。

• 11月13日:央行行长理事会举行"马拉松"会议,讨论世纪银行破产"清盘"的风险和必要举措。按照行长理事会决策,不允许出现导致"多米诺骨牌效应"的破产"清盘"。

• 11月13日晚:与(当时正在华盛顿的)财政部长举行电话会议,讨论形势近况和世纪银行问题,一致同意采取调控措施,防止局势进一步恶化。其中,提及对世纪银行给予短期借贷便利(FPJP)的可能性。

• 11月14日:放宽短期借贷便利规定,以应对总体形势恶化。

• 11月14日晚:世纪银行处于破产"清盘"险境,可能引发对其他银行的"多米诺骨牌效应"。立即启动短期借贷便利工具,以趋利避害。发放第一期短期借贷便利。

- 11月第三周：央行与财政部召开"马拉松"会议,讨论总体形势和世纪银行继续恶化的影响及应对策略。发放第二期短期借贷便利。

- 11月20日：世纪银行状况难以维持。撤资持续不断,未来投资者退出。印尼央行作为（通过短期借贷便利）"最后贷款人"不足以解决问题。央行认定该银行破产将产生系统性影响,将其提交到金融业稳定委员会（KSSK）以作出裁决。

- 11月21日凌晨：金融业稳定委员会决定,由存款担保机构（LPS）接管并给予临时性投资（PMS）,管理其直至日后售卖为止。禁止该银行业主和高管出境。

- 11月21—23日：监管者/审计员进入世纪银行,发现资金缺口为27760亿印尼盾。

- 11月24日：金融业稳定委员会继续开会。

- 11月25日：金融业稳定委员会向总统提交书面报告。印尼央行向印尼国家警察总部刑事犯罪调查局报告该银行业主和高管涉嫌刑事犯罪。除此之外,央行分别于2009年3月19日、2010年2月16日和2011年7月19日向印尼国家警察总部刑事犯罪调查局提交3份报告。以上报告后来成为对相关人员启动法律程序的依据。

2009—2014年：

- 全国银行业形势持续好转,但是世纪银行却因为受两件事双重打击而一蹶不振：第一,发现了该银行业主和昔日高管的滥权行为,而之前调查却未发现；第二,也许更致命的是,世纪银行5年来（后来改名为"珍珠银行"）一直像是政治赛场上的皮球（被踢来踢去）——这一处境使管理层难以正常管理银行。其他银行对世纪银行

> "避而远之"。读者可以想象一下,如果银行每天都成为政治围猎目标,要想维持现有储户使之不流失、与其他银行建立合作或者以正常费用进行正常融资,会是多么艰难。这些最终都得落实到资本充足率上,需要额外注资才能解套。
>
> • 2014年底,通过透明的程序,珍珠银行以4.14兆盾卖给日本的J信托,而直到售出为止,存款担保机构已经注资达7.95兆盾。几乎可以肯定,2008年处理危机的花费,比危机高峰时听任银行倒闭而引起无法预计的"多米诺骨牌效应"要小得多。同时,政府和存款担保机构仍在继续追缴该银行逃逸国外的资金。有关法律程序在中国香港和瑞士进行。

2008年危机是一次"震级"超过1997/98年亚洲金融危机的全球金融危机,但是印尼以比之前危机小得多的损失度过了这次危机。印尼这次吃一堑长一智了。①

出口"繁荣"及之后:2010—2014年

信心逐渐恢复。2009年全年,印尼经济得到巩固。最显而易见的指标是印尼盾汇率。如图9.1所示,盾币比价由强到稳,达到新平衡,这一发展态势不是因为印尼央行成功干预外汇市场,而是因为国内外市场见证并坚信印尼已经走出了危机。证券市场投资者(国债、股票和其他有价证券持有人)逐渐带着美元回到印尼。看来,他们从印尼债券中获得的回报吸引力之

---

① 除了一个教训尚未完全汲取,即在金融危机中提供全面担保将起着决定性作用。

大,令人难以放手。同样,之前将存款转移到其他国家银行的储户也带回现金,因为回报可观,他们也确信印尼银行业是安全的。信心回归也得力于非经济因素,即总统选举和平顺利举行。印尼盾一直走强,国内流动性全面恢复。

大宗商品出口价格趋强。有一个重要因素需要提到,它支持了此番印尼经济快速复苏——比本地区其他国家要快得多,该因素就是,印尼大宗出口商品价格进入新一轮上涨期,包括煤炭、矿产、棕榈油和橡胶。图9.2显示了这些商品2008年危机时价格低迷、2009年开始上涨、2011年达到高峰的起落变化。出口"繁荣"令印尼获益匪浅。

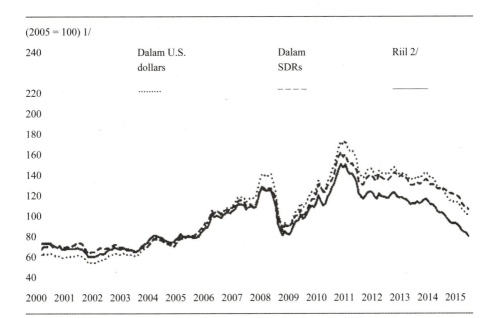

图9.2 2000—2015年除燃料外的初级商品价格指数
资料来源:国际货币基金组织数据库。
1/为指数由除燃料外44种初级商品的60系列价格构成。比重系根据2002—2004年世界出口收入均值计算。
2/为根据美国商品价格指数更正。

市场信心恢复和出口"涨潮"成为推动国内经济活动的两个积极因素。

需要提及的是,与此同时,出现了一个阻碍经济增长的消极因素,那就是国际油价持续上涨,涨价周期比出口"涨潮"要长得多。(布伦特)油价在2008年受危机影响而惨跌后,2009年1月升至每桶约43美元,是年6月变成每桶70美元,之后持续攀升,2011年跃至每桶100—110美元,之后保持高位至2014年8月。相比之下,出口商品价格在2011年达到峰值后,就一路下跌。

该时期的宏观经济管理受到以上三个因素相互作用的影响。表9.4涵盖了主要指数的进展。

表9.4　2009—2014年油价上涨对国家收支预算和经常项目的影响

年份	赤字(占国内生产总值比)		补贴(占预算支出比)		油气进口(占总出口比)
	国家收支预算	经常项目	燃油	非燃油	
2009	…	+2	4.8	9.9	13.5
2010	−0.7	+1	7.9	10.6	17.5
2011	−1.1	0	12.8	10.1	20.3
2012	−1.8	−3	14.2	9.0	21.8
2013	−2.2	−3	12.7	8.8	23.8
2014	…	…	…	…	23.8

资料来源:Bank Indonesia, Statistik Ekonomi dan Keuangan Indonesia。
说明:*)+:盈余;−:赤字

重现双重赤字。出口"繁荣"带来红利,使政府税收增加,国家收支预算赤字占国内生产总值比于2010年被压缩到0.7%,2011年为1.1%。需要指出的是,这是在世界油价上涨造成燃油补贴项膨胀的情况下取得的。2011年后,出口商品价格下跌,对政府收入造成逆向影响。同期,世界油价没有跟着下跌,而是继续上涨,直达每桶100—110美元,这一情况一直持续到2014年第三季度。世界油价上涨的同时,国内燃油消费额也大幅增加,势头难以遏制(部分原因是由于国内燃油价格低廉,燃油走私到国外),这导致2011年燃油补贴急剧增加。国家收支预算赤字占国内生产总值比在2012

年增加到1.8%,2013年上升到2.2%。

经常项目也出现类似动态。出口"繁荣"最初给经常项目带来顺差,影响是正面的。但自从2011年下半年开始,出口商品价格走弱,原因是进口,尤其是油气进口持续增加,贸易顺差变成逆差。油气进口在出口总收入中占比从2009年的13.5%上升到2013年的23.8%(表9.4)。于是,我们看到,那位老朋友,在我们宏观经济管理中来来去去的"双重赤字"问题又卷土重来。

燃油补贴绑架国家收支预算。国家收支预算被国际油价震荡绑架,这已不是我们首次面对的问题了。理想的状态是,国家收支预算支出不受油价上下波动的"干扰",这样,才可以成为达到建设目标的有效工具。也只有这样,在基础设施、教育、卫生等领域的建设项目才能有计划、连贯、持续地在一个较长时期内实施落实,才能使得开支更有效率、目标更加处在制高点。我们曾经多次作出努力,力图使国家收支预算摆脱油价震荡的影响,但迄今皆未奏效。其实,要诀只有一个,只要使国家收支预算摆脱承担燃油补贴,即可达到目的。补贴形成的原因是国内燃油售价差难以跟随国际油价涨落变化的供应价而上下浮动、调整节奏。解决的唯一途径就是,顺应供应价变化,随时调整燃油售价。①

这样做是否会使弱势群体负担加重呢?其实,如果需要向弱势群体提供补贴的话,对每个家庭采取直接补贴(最有效的是发放现金)的形式,比通过调低燃油价会更好,因为便宜的燃油价未必会被我们想要帮助的那些群体所享受到,不少对补贴的研究都证实了这一点。

是否因为燃油这一商品不太重要,以至于不能交给市场机制定价?也许,这个问题应该反过来问,是否燃油比大米更重要?大米价格早已交由市

---

① 为减少使消费者困惑的(日)调价频率,一些国家基于月平均价格或月中价格进行调价。关键是每个预算年度结束时,没有给收支预算留下补贴负担。

场机制决定。的确,我们通过市场行动、廉价市场等,已经有了稳定米价的政策。但老实说,是否有效尚存疑问。原则上讲,大米稳定政策优于完全采用直接补贴,如发放廉价粮计划。当然,如果发放廉价粮计划代之以直接给贫困家庭账户存入现金补贴的话,效率会更高,因为发放现金的直接补贴计划更易实施,更有的放矢,也更经济实惠。

为什么这一从经济原则上看更合理的补贴政策不能得到落实呢?因为阻力来自于现实政治。补贴是给受众"发红利",一旦发了,就无法取消,取消势必遭到接受者的抵制。要知道,这是在发红利呢!补贴数量越大,受众人数越多,一旦改变,抵制力量也会越大。如果补贴机制从一开始就合理化并直奔主题,就不需要改变了。当这项不合理、不直瞄靶心的补贴需要改变时,问题就来了。感到受损的人一定会反对。正如刚才所说,补贴数量越大,接受补贴数量的人越多,但既然不是直瞄靶心,要从政治上改变或纠正就会难上加难。因此,燃油补贴制度从一开始就对错了靶心,但由于那些不该接受补贴又一直享受它的人们群起抵制,积重难返,改变不易。这些人群包括买得起市场价却已习惯购买廉价燃油的人、燃油走私者和从补贴燃油价中获益的供应商、分销商等。这些人数量越多,享受的红利就越大,制度就越难以纠正。纠正错误的补贴制度需要最高层强烈的政治意愿,还需要一支能干、团结、有全面奉献精神的团队,不仅要落实制度改革,还要维护改革成果,使新制度巩固成型,直到形成适合时宜的一种良好的"机制"为止。要纠正一种补贴制度,需要一届甚至几届政府给予全面关注。

管理双重赤字的警示牌。对包括印尼在内的每个开放经济体来说,双重赤字现象都意味着内在风险的积蓄。一旦其冒头,决策者就应随时准备管控它。只要控制在"安全"线内,它就不一定会最终酿成大灾难。这里,需要注意微观政策管理"艺术":知道何时可能越过"安全"线,何时应该采取矫正措施。

是否有什么普遍指南或者"拇指规则"(rules of thumb)①可用来警戒安全线呢？根据历史经验，下面的指标可以成为加强警戒的信号。如果国家收支预算赤字在国内生产总值的2%以下，我们就认为是安全的。不仅如此。如果资金源"正常"并能够弥补预算窟窿，不处在"紧压"(stress)状态，赤字也还是安全的。因此，尽管赤字还在2%以下，但政府难以售出国债(SUN)或者必须将收益率提得过高，这也可被视为我们越过了管理国家收支预算的安全线。简言之，市场动态应随时成为财政管理者的重要考量。通常，市场动态记录了市场行为者对其他一些指标的解读，如过高的负债率、不切实际的汇率，等等。

我们也可将同样逻辑活用于对待另一种赤字，即经常项目赤字的管理。历史的确没有告诉我们经常项目赤字安全线的数字，但也许同样的数字，即占国内生产总值的2%，可以作为初级标准。一旦这个数字被逾越，我们就进入了"黄灯"区域，必须采取预警和矫正措施。如同国家收支预算赤字一样，经常项目赤字应该有"正常"的资金源来弥补，不应有紧张压迫感。主要资金源自于资本项目。一个基本问题是：资本项目状况如何？是否能在政府（和国内企业）不以非正常收益率（如比其他同级别国家给的收益率高出许多）借外债或出售债券的情况下，填补经常项目亏空？这里再次显示，市场动态是重要考量。

宏观经济业绩。综上，我们可以说，这里探讨的时期(2011—2014年)面对的双重赤字已经进入"黄灯"区域。但总的来说，仍处在可控范围内。国内外市场动态下的资金环境总体显示"正常"。印尼政府和金融当局采取了

---

① 拇指规则又称"经验法则"，其最早起源有多种说法：一种说法是林木工人不用尺子而是伸出拇指测量木材的长度或宽度；另一种说法指在英国早期普通法中，以丈夫殴打妻子的棍子是否比大拇指粗作为界定是否虐待妻子的标准；还有一种说法是在农业播种时，拇指被用来快速测量种子掩埋的深度。如今在管理学、经济学和教育学中被引申为一种试探法、经验法、启发法。在经济学中，该规则主要指经济决策者在处理信息时遵循的原则，即只考虑重要信息，忽略其他信息。——译注

一些预防和矫正举措,以确保经济形势安全。通胀相对温和。2010—2012年,通胀率约为5%,后两年略有上升,过了6%。到2013年中,当美联储宣布收紧金融政策,导致美元对包括印尼盾在内几乎所有货币走强时,盾币汇率相对稳定。2010—2013年,盾币汇率保持在9300—9700盾兑1美元,甚至一度在2011年中升值到低于9000盾兑1美元。自2013年中开始,盾币逐渐走弱,2014年底,达到约12600盾兑1美元,2015年还在持续这一走势。总体上,这段时期的经济保持了稳定状态。

经济增长业绩却差强人意。危机过后,印尼经济增长在2009年达到4.6%,2010年提速到6.2%,之后两年保持在6.3%—6.5%,参见表9.2。但在接下来的两年,2013年,经济增长率回落到5.7%,2014年为5.1%,主要原因之一是出口的大宗商品价格下跌。我们应老老实实地学习历史经验,过去30年间,我们一度达到年均7%的增长,为什么现在我们对往日达到的辉煌却可望而不可及呢?

未来挑战

在结束本章之前,我们简要分析一下印尼在未来几年管理经济和建设中面对的几大挑战:

稳定挑战:全球经济形势不确定。 2013和2014年,世界经济出现新动态,对国家经济管理提出了一些重要课题。这些课题不仅在当时那两年需要解决,也许在今后许多年都要面对。这一新动态就是,世界各地在经济和政治领域的负面事件接连多发,使人们对世界经济前景弥漫着一股悲观情绪。经济方面,只有美国呈现经济振兴的亮点,但究竟是否稳健还是问号,其他所有国家都前景灰暗。世界第二大经济体中国已确定呈现增长放缓态势,其他金砖国家(BRIC)(也许印度是例外)出现了经济负增长和严重的金融不确定性。欧洲还未从金融危机中恢复,又要面对移民危机。日本经济"复苏"若有若无,看不到明显征象。同时,亚洲、拉美、非洲的发展中国家只能冀望天赐奇迹,使它们能重振出口。可惜的是,现在完全看不到20国集团成员国之间有2008年那种在经济政策上同声同气、步调一致的精神。所有国家都在忙于解决本国问题。国家间的政治问题日益突显,全球经济问题复杂性日益增加。

以上是在本书付梓时,对当时全球经济形势的描述。也许,这幅图景显得太悲观了,未来会作出裁判。但对经济政策管理者来说,睿智而正确的态度是保持乐观、戒慎戒惧,时刻准备应对最坏局面的出现——希望做到最好,准备应对最坏(hope for the best, be prepared for the worst)。

2011年下半年,全球经济增长乏力,尤其是中国经济增长放缓,导致大宗商品价格下跌,世界经济形势出现的新变化已经影响到印尼。出口"涨潮"消退了。从2013年开始,出现一个新变数,即美国中央银行(美联储)宣布开始收紧量化宽松政策(QE)。该政策指的是2008年以来美联储通过大量购买私企和政府债券,向经济注入货币增量,以抗御危机的一系列举措。2013年起,印尼不仅面临大宗出口商品价格持续下跌,而且面对日益强势、越来越昂贵的美元(美元借贷利息提高了)。从2014年第三季度开始,又出现一个重要动态,即由于供给过剩,世界油价急剧下跌。对印尼这样的石油净进口国来说,这是利好;但对主要产油国来说,则是利坏。同时,这一现象也发出一个信号,表明世界经济仍然疲弱,印尼尚难指望在短期内改善出口。2015年底,出现了另一个迹象,即中国经济增长可能比当初预料的情况更差,资金外流增加,人民币汇率承压。这使得印尼在管理经济的战场上必须认真面对这一新形势。在错综复杂、充满变数的恶劣天气下,我们要善于驾稳国家经济的航船,汲取昔日的经验教训。前事不忘,后事之师。

建设挑战:基础设施亏欠。[①] 如果让我们选择最需要优先关注和处理的事项,我们会毫不犹豫地说,在基础设施领域存在着非常严重的"亏欠"。基础设施长期亏欠阻碍了我们国家的经济发展和社会公平。1997/98年危机后,由于每年用于该项的投资少得可怜,这一状况令人担忧。危机前,1995—1997年,相当于国内生产总值7%的资金拨款被用于各种基础设施建设。危机后,每年基础设施建设资金只占国内生产总值约3%—4%。相形之下,泰国和越南拿出国内生产总值的7%以上资金用于建设基础设施,而中国的拨款投入则达到10%。其结果是,印尼经济增长受到严重制约。世界银行的分析结论是,如果基础设施建设拨款能从国内生产总值占比的3%提高到5%,印尼经济增长将会提高0.5个百分点,如果达到中国10%的拨款水平(现在还是梦想),那么每年印尼经济增长将增加1个百分点甚至更多。每年多增加0.5%和1%,累计下来,印尼在10年或20年后的经济地位将会大大提升。

在基础设施领域,当下最大的瓶颈是交通基础设施。其影响与广大民众日常生活息息相关,牵涉生活开支、企业开支、经济竞争力到国家经济增长和机会均等各个方面。从数量和质量上看,现有公路网与标准相差甚远。以高速公路里程为例:印尼是778公里,马来西亚是3000公里,中国是65065公里。如果要达到与本地区其他国家同等水平,预计需要投资600亿至1200亿美元。

作为群岛国,印尼港口的吞吐量严重落后,最大港口雅加达的丹绒不碌港只能吞吐600万个标准集装箱(几年后将扩增为1000万个标箱),而新加坡的吞吐量是3000万个标箱(而且还在继续扩建)。我们的港口装卸时间(lead time)太长,为5.4天,相比之下,菲律宾是5天,马来西亚是2.8天,中

[①] World Bank(2014),Indonesia:Avoiding the Trap,Development Policy Review 2014.

国是2.62天,泰国2.6天,越南1.7天。

我们还能举出基础设施滞后的其他例子,如电力、净水、卫生设施等领域也存在同样状况。1997/98年危机后,基础设施建设确实遭遇各种制约,诸如资金问题、土地问题和法规问题等都成为瓶颈。从资金角度看,国家收支预算可增加拨款,如将燃油和电力补贴转移到支付基础设施方面,并且加大税收的广度和深度。当然,国家收支预算资金显然远远不够,需要调动国企给予支持。更大的资金需求毫无疑问应由私企投资来提供。要依靠法律保障、监管和更优化的激励机制来推动政府和私企建立合作机制即公私合营制(Public-Private-Parternership,PPP)。经验证明,知易行难,需要有强烈的政治意愿,还要有始终如一、持续推进的政策措施,并且能够跳出5年政治循环的怪圈。而我们的政治生态能满足这些前提条件吗?

建设挑战:失业。 2004—2013年,印尼公开失业率持续下降,参见表9.5,这背后是经济增长的强力支撑。但是,我们应清醒认识到,公开失业率只是更深层次、更广层面经济问题的"水面标尺"而已。

表9.5 2004—2013年失业率和年轻人群失业率

(单位:%)

年份	全国公开失业率	30岁以下群体失业率
2004	9.86	21.13
2005	10.75	21.99
2006	10.37	23.42
2007	9.43	20.13
2008	8.43	18.37
2009	8.01	17.14
2010	7.28	15.99
2011	6.68	14.57
2012	6.23	14.37
2013	6.09	15.66

资料来源:Badan Pusat Statistik。

表9.5揭示了一个事实,即(30岁以下)年轻群体失业率很高,为整个劳动力失业率的2.5倍。这表明劳动力市场的新来者在找工作上压力不轻。印尼人口年龄结构相对"年轻",可以预计我们的年轻适龄劳动力还将迅速增加,同时也可以断言,未来挑战会越来越大。从积极角度看,我们的人口结构中年轻人是值得庆幸的"人口红利",是支持经济增长的潜在生产力。从消极角度看,如果不能为他们创造有效的工作机会,如果他们作为劳动力市场的新来者面临的障碍和阻力依然严重,"人口红利"就会逆转为"人口灾难"。年轻人高失业率将使我们无法实现经济高速增长,还会增加社会不稳定的风险。

为劳动力市场的新来者创造就业机会,是迫在眉睫的问题。我们不能在本书中作深入探讨,但是可以谈几个政策重点。

我们需要实行全方位政策来推动经济增长,创造就业机会。劳动密集型的制造业应成为政策的支柱和焦点;服务业和农业等一些领域也能创造不少就业机会。关键是最大程度推动国内外资金在劳动密集型产业的投资;要简化监管,提供基础设施,也许还要在税收等方面给予刺激和特别便利。我们在80年代和90年代的经验教训值得研究借鉴。

此外,要保证政策成功,还要做两件重要的事情:一是提高劳动力的素质和技能,使之能适应企业需求。要在国家层面实施有效且可持续的培训计划,政府和企业界应密切合作,有计划地实施。迄今,我们还没出台这方面的综合规划。从根本上讲,我们的年轻一代应成为身心素质良好的优良一代,这需要从母亲孕育时就开始做起,通过实施服务于孩子的健康卫生和教育的政策来进一步落实(见169页"建设挑战:塑造优良后代")。

二是解决较为复杂的政治经济问题。我们面对的经济现实是,当前和今后一段时期,印尼处在"劳动力过剩"期,即经济生活创造的就业机会无法吸收增加的所有劳动力。① 当两个目标不一致时,需要统一兼顾。当前面对的困境是,如何在提高报酬水平(确实不尽如人意)与提高劳动就业率(等待就业的还排着长队)两个目标之间取得平衡。经济学理论指出,在"劳动力过剩"阶段,必须要作出权衡和取舍:如果主要考虑改善报酬水平,劳动力吸收就会有限;如果优先考虑吸收劳动力,薪酬水平就不能上涨,直到所有剩余劳动力都被吸收为止(即所谓"拐点"阶段)。如果我们过了这一阶段,薪酬提高和劳动力吸收提高就会同步到来。

虽然经济现实告诉我们,人口增长尚未出现"拐点",但政治现实要求,必须同时满足上述两个目标。这里需要集思广益的大智慧,要善于处理好二者的平衡关系,在两种相互抵触的利益之间寻找平衡点。已经就业的人(并且已有工会组织)期望并要求改善薪酬水平和工作条件,没有工作的新来者(没有工会组织)希望尽可能开放更多就业机会,两种利益都合情"合法"(valid)。治国者的任务就是着眼长远的共同利益,理性清醒地统筹兼顾二者的平衡,不能为了一个目标而牺牲另一个。集思广益的大智慧要化为行动措施,包括确定每年最低薪酬的上涨幅度,现有劳动条件的改善可吸收多少劳动力,劳动法的哪些内容需要重新研究修订,一切都要为长远利益服务。况且,我们还需直面一个重复性问题:如何使政治现实和经济现实协调一致。

建设挑战:贫困和失衡。 从独立起,印尼就致力于消除贫困,取得的成就因时而异。历史表明,新秩序时期,贫困人口占总人口比重显著下降,直到 1997/98 年危机前,都呈下降趋势。见表 9.6:

---

① Lewis(1954).

表 9.6　1970—2013 年贫困人口和基尼系数

年份	贫困人口(%)	基尼系数
1970	60.1	…
1980	28.6	…
1990	15.1	…
1996	11.3	0.36
1998	24.2	…
1999	23.4	0.31
2002	18.2	0.33
2005	16.0	0.36
2010	13.3	0.38
2011	12.4	0.41
2012	11.8	0.41
2013	11.4	0.41

资料来源：中央统计局：印度尼西亚统计数据。
说明：…：无数据。

1997/98 年危机造成贫困人口数量上升，使印尼在消除贫困方面至少倒退了 15 年。危机后，消除贫困的努力仍在继续，贫困人口百分比再次下降，但比之前的下降速度要慢得多。为什么？这描绘了两幅图景：(1)越来越难以惠及"核心"贫困群体；(2)之前的减贫政策不那么有效了。答案在于，我们如何做到减贫政策的统筹协调，从计划到落实再到调控，要争取总体上更有成效。也许，我们需要一些新的倡议。

迄今，我们一直在为降低贫困数字付出努力，这仍应继续成为减贫的优先选项。同时，我们应该朝着更宏伟的目标前进。如果说目前的目标是按照印尼制定的贫困线降低贫困人口比例的话，向前一步，我们要敢于提高本国贫困线标准，使之与更高的国际标准接近。不仅如此，再前进一步，我们应考虑扩大扶贫目标的外延，不仅将现在的贫困和赤贫人口涵盖进来，而且要包括那些濒临贫困(retan kemiskinan)的弱势群体。这些群体正处在现在设定的贫困线上，一旦发生灾难(生病、下岗等)，很容易堕入贫困线。这部分濒临贫困群体人数众多,约占印尼总人口的25%。如果将这部分人群也纳入计划,那么,印尼的减贫对象将占总人口的30%—37%。这是一个政策大跨越。如果我们想从根本上解决本国贫困问题,就要在未来几年朝这个方向努力。

另一个重大挑战与贫困问题既有千丝万缕的联系,又有所区别,那就是如何克服日益严重的发展失衡问题。表9.7将印尼基尼系数与其他国家作了比较。

表 9.7 基尼系数:不同国家的比较

国家	基尼系数
印尼	0.33(2002)
	0.41(2011—2014)
柬埔寨	0.32(2011)
中国	0.42(2002)
印度	0.34(2010)
日本	0.32(2008)
马来西亚	0.46(2009)
菲律宾	0.43(2012)
泰国	0.39(2010)
越南	0.36(2012)

资料来源:引自各种资料。

众所周知,基尼系数是用于衡量收入分配不均的程度——数字越大,越是收入不均。从表9.7中可以看出,印尼的收入分配不均不是最严重的,但也是偏高的。为什么我们要将其列为重大挑战?有两个理由:一是印尼基尼系数近年来上升很快——从2002年的0.33升至2011年的0.41(见表9.6),这是其他国家没有经历的高涨幅;二是有几项研究揭示,近来失衡增加的原因是结构性和根本性的,其种子在代代相传中已孕育,如果现在不做什么,这种贫富不均还会持续恶化。①

贫富不均产生的机制可简要概括如下:一个孩子从出生起就面临不均问题。如果他(她)生于有钱人家,在成长过程中就很可能得到很好的营养和卫生医疗条件,能够健康地长大成人。他(她)也很可能获得良好的教育,身心具备获得良好工作的竞争条件。相反,如果孩子不够幸运,出生在贫穷人家,很可能获得的营养质量、卫生服务、教育机会都比出生于富裕家庭的孩子低劣得多,长大后也很可能只能在低收入工作中疲于奔命。

一个孩子面临的问题有多严重,可以通过营养不良这个简单指数看出。营养不良会妨碍孩子的正常发育,或者说,使孩子身材矮小(几乎也必然影响心灵成长)。表9.8比较了国家间营养不良的现象。老实说,印尼要补的课太多了!

表9.8 数国营养不良现象

国家	5岁以下儿童营养不良率(%)
印尼(2013)	36
缅甸(2009)	35
菲律宾(2013)	30
新加坡(2000)	4
泰国(2012)	16
越南(2013)	19

资料来源:引自各种资料。

如果不作出任何改变,营养不良的孩子将来也会经历同样的命运,这就是代代相传的贫困,是每个民族的梦魇。贫穷家庭往往多子女,如果听之任之,势必使贫富悬殊一直延续并进一步加重。要打破这一怪圈,国家应最终承担这份责任。国家干预应是全方位、积极主动、可持续的,目标应从母亲

---

① World Bank(2014),Inequality and Shared Prosperity.

孕育孩子开始。本书中,我们无法探讨各种形式的干预。① 我们在此探讨传递的信息是,面对一些长期性问题,需要有一个在长期政治承诺保障下的长期计划,跳出五年政治的周期律。

接下来,让我们探讨应该塑造怎样的青年一代。

建设挑战:塑造优良后代。② 你知道什么是清理被污染河流最有效的办法吗?第一步,是清理源头;接下来,是在河流自上而下流淌的漫长旅程中,防止它受到污染。只要坚持这样做,过不了多久,肮脏的河水就会被洁净的水流取代。

我们的民族建设也需要如此作为。从本质上看,一个民族发展的历程就是一代新人换一代旧人的过程。我们要具备这样的眼光,永记历史经验,只有新一代胜过老一代,一个民族才能进步发达。这条铁律格外重要,提醒我们,一个民族进步发达的关键是塑造优良的一代接班人。

这就是当代人的使命。为此,国家要发挥领导者和引路人的作用。国家有义务制定完整的战略和政策,将唯一重心放在塑造民族新一代身上,使一代新人在体魄和心灵上都更加优良。这是一项伟大的工作,需要长远的眼光、代代努力的计划,不光是五年计划的综合而已。

该怎样制定这幅蓝图和计划呢?请恕我多角度论证一下。最近,我正在参加由各国教育界专家所做的讲座。我们获悉一个重要动态,那就是,如今,不少国家都在制定新的教育政策和计划,最大程度发挥好两方面的作用:一是新技术(尤其是信息技术即IT)的潜力;二是新的科学发明与创造。之前,这两方面很少与教育政策的制定产生关联。将信息技术(IT)运用于印尼教育计划中,对多快好省地提高国家的教育质量和提供教育机会具有

---

① 读者若希望透过简短分析而获得完整画面的话,可以查看世界银行题为《印度尼西亚共和国:不均现象与共享繁荣》的报告(2014年6月)。
② 节选自2015年4月刊载在《罗盘报》上的文章。

无比巨大的作用。这次,我亲眼看到,科学领域的一些新发现非常适合于教育政策和计划。比如,"神经学"(neuroscience),这是专门研究人类大脑发展和工作的学科。

在这一领域,有一项重大的新发现:人类大脑的质量是从胎儿在母亲子宫内时形成的。美国、瑞典及其他国家的研究结论是,母亲如果拥有抑郁、恐惧、心理或生理障碍、营养缺乏等特质,将影响所孕育胎儿大脑的发展,进而影响孩子直到成年时的个性、行为和成绩。这项发现强调了对孕妇早期介入的重要性。健康的胎儿是塑造优良人类的起点。有些国家已经把这一发现纳入其健康卫生和教育计划。

众所周知,还有一些重大发现,如脑容量(灰色物质)、脑神经和连接脑神经的沟通网络(称作神经元的突触)不断生长发育,尤其是在2岁时进入第一次快速生长期,5岁时进入最快发育期,12、13岁时达到高峰。

在这些"黄金"年龄段,一个孩子几乎所有的脑系统都成型了,这将决定孩子直到成年的思维能力。在这些关键年龄段,如果缺乏营养和遭到各种疾病入侵,将对脑细胞或神经元的形成构成障碍。如果有了外界刺激,脑神经元的突触网络会进一步扩展。这种外界刺激主要来自于孩子与周围环境,特别是家庭环境、亲朋好友环境的互动,同时来自于他(她)从各种读物或其他来源中吸收的信息。

另一个值得关注的重要发现是,刺激的"种类"决定了大脑哪一侧的发展。健康的刺激将使积淀和支持人类智慧的大脑部分,即所谓"前额叶皮质"得到增长和强化。在关键年龄段,形成孩子绝大部分的智商、情商、社商,决定他(她)的人生轨迹。

所有这些都强调在医疗卫生和教育方面早期介入计划的战略意义。孕妇的产前保健、养育计划、给孩子接种疫苗、提供营养餐、亲子班(PAUD)、幼儿园(TK)、小学(SD)教育等,都是我们抓住黄金时机,成功塑造新一代优良印尼人的关键因素。经验告诉我们,机不可失,时不再来,错过再悔过,徒劳成蹉跎。

还有一项重要发现指出,人类大脑的发展并不止于12—13岁,在之后的年龄段(也许到25岁左右),人类脑质量还会有提高的过程。在这个年龄段,会出现神经元突触系统"裁剪扬弃"(pruning)过程。没用过或者不大发挥功能的神经元突触会被丢弃,活跃的神经元突触会保持。在这个定型阶段,"好"突触被进一步强化,"坏"突触被删除。"裁剪扬弃"提高了大脑工作的质量和效率。

几项研究得出的结论是,在青春期,人类发展了创造力、敢做敢当的勇气、同情心、合作力及其他社交的智慧——所有这一切都会成为孩子跨入成年生活的精神禀赋。定型期后,已成型的神经元突触系统不会再有更大改变,将永恒性地附着一个人身上,直到生命最后一刻。

这些发现对制订针对青少年的教育和培训计划具有重要意义。这些计划的制订和实施,必须能对上述所说各种重要能力的发展产生激励作用。对青少年的教育培训计划以及对婴幼儿的基础计划,最终将构成我们民族成年人的智慧程度和特性。

在保健领域,有一个术语叫"发育不良"或"营养不良",指的是孩子身体发育过慢,错过了成长期,以致身材矮小,身体羸弱。在包括印尼在内的发展中国家,这种情景十分常见。如果我们想认真创造优良的接班人,就要勇于承诺,从今天起,每一个出生的印尼婴儿都不可以再出现发育不良症。我们必须为此身体力行,果断采取必要措施。

营养不良症不仅体现在人的身体发育,而且还体现在人的思维发展方面。如果我们相信人的身体是受心灵意识驱动的话,那么,我们就要倍加警惕思维狭隘症,这也许比警惕身材矮小更加重要。思维狭隘症从相貌上并不能一眼看出来,但遇到这类人,你马上会心里有数。一个民族如果都由思维狭隘的人组成,是不可能成为伟大民族的。我们也应作出郑重承诺,从今天起,每个出生的印尼婴儿都不可成为思维狭隘的人。上面所说的那些科学发现一再敲打警醒我们,现在为年青一代所作出和奉献的一切,从母亲子宫中的胎儿到快乐的青少年时期,都完全决定了他们的命运乃至民族的命运!

时不我待,我们需要有一个真正全面、综合的计划,来培养承前启后、素质优良的新一代印度尼西亚人。只争朝夕,我们要从根本上深谋远虑地落实共和国宪法关于"提高民族智慧"的要求。一代人之后,才能看到成果。但是,如果我们不想落后于其他民族,就应从今天做起。

本章结尾,我想引用诺贝尔奖获得者智利著名诗人加布里埃尔·米斯特拉尔的名言:

> 我们曾犯下许多谬误、许多过失,但我们最大的犯罪是放弃孩子,忽略生命的基础。我们需要的很多东西皆可等待,唯有孩子不能。现在,他的骨骼在形成,他的血液在制造,他的情感在发展。对他,我们不能回答"明天"。他的名字叫"今天"。

综述

1. 2004—2014 这 10 年分为 4 个不同时期,主要是由世界经济形势变化所引起。第一时期(2004—2008 年)是印尼经过 1997/1998 危机后 6 年疗伤康复期后的重新振作期。这一时期也是见证了 2005 年起商品"上涨繁荣"的初始期。第二时期(2008—2009 年)是危机爆发和处理期。第三时期(2010—2011 年)是受危机打断后又恢复"上涨繁荣"的持续期,这次的涨潮力度更强劲。第四时期(2012 年至今)是世界经济放缓导致大宗商品价格滑落的时期,各种问题由此而生。

2. 在第一时期,印尼经济出现振兴,经济温和增长年均约 4% 到 5% 甚至6％。基础设施瓶颈、投资环境制约都未能使印尼实现经济强劲增长,总体上维护了经济稳定。

3. 第二时期是充满变数的时期。相比10年前的亚洲金融危机,全球金融危机在更大范围的国家中引起更严重的震荡。印尼也不例外。这次,印尼的应对举措比之前危机的处理要好得多。金融领域,尤其是银行业,是每一次危机中最薄弱的一个环节,此次,我们没有听任它成为导致更广泛危机的导火索。当然,印尼尚未从历史中完全吸取经验教训,没有实行对存款全面担保,而本地区其他国家则先行一步,他们已经意识到危机期间的系统风险。没有全面担保这把保护伞,唯一避免系统性风险的选择,就是在危机热度达到顶点时不允许任何银行倒掉。在危机处在最敏感阶段时,我们没有允许世纪银行倒掉,而是交由存款担保机构接管。在接下来的发展中,印尼这次以比上次危机小得多的金融成本和社会成本度过了危机。显而易见,印尼此次也比其他国家更快地复苏。

4. 第三时期记录显示,由于我们的出口商品价格上涨,经济增长率超过6％。但因为结构、政策、机制等因素的制约,印尼还未能将增长潜力充分发挥出来,还不能达到1997/98年前持续30年的高增长水平。同时,经济稳定得到维系。

5. 第四时期还在持续,双重赤字和经济稳定问题重新突显,增长放缓也引起关注。我们也许能从80年代和90年代初吸取一些经验教训。

6. 本章结束前,提示了我们面对的一些挑战,重点包括五方面:(1) 在世界经济形势日益不确定时,如何维护稳定;(2) 如何解决阻碍我们发展的基础设施"赤字";(3) 如何降低高失业率,尤其是新加入劳动力市场的人群;(4) 如何降低高贫困率和近来不断增长的收入不均;(5) 如何培养优良的民族后代。所有这些都需要采取持之以恒的综合治理措施,要跳出五年政治周期律。

第十章

以史为鉴(1)：经济、政治和机制

经济和政治：一枚硬币的两面

如果我们从历史的经验教训中拉一条红线的话，这条红线就是现实中的经济和政治密不可分，二者交融互动、彼此影响。以最终的分析来看，经济政策是政治过程的产物，其落实也受到政治时势的影响。因果关系的定向往往显示，政治是因，经济是果。经济政策就是更广泛的政治目的行动公约数。但在某种情况下，历史恰恰给出相反的例子：经济形势的发展催生了政治变革。尤其是在经济形势严峻、公众要求变革的时候，多会发生。当政治体制尚未稳固定型时，如印尼独立后时期一样，呼之欲出的变革不仅是经济政策的转变、同一政治体制内政府的改变，而且是政治体制本身的转变。

荷属东印度公司的政治目的是为自身获取最大利益，它动用政治手段（外交、军事）和经济手段（垄断、税收、各种赋税）相结合的方式落实其政策，采用的经济体制是原始榨取经济制度。在发展过程中，由于管理失误，荷属东印度公司破产了。企业的经济状况导致政治发生改变——荷属东印度公司被荷兰政府接管。

荷兰殖民政府的政治目的更加广泛,即将荷属东印度变成荷兰王国不可分割的一部分,使之能最大程度、持久性地为宗主国服务。为此,建立了完善的殖民政府制度,包括管理机构、法律、金融、现代基础设施网络,以更精致、更有效的现代榨取制达到政治目的。

第二次世界大战改变了政治版图,日本控制了印尼,新掌权者的政治目的是将印尼变成保障日军赢得战争的堡垒。为达此目标,采取的是战争经济制度。

日本投降了,印尼宣布独立,政治形势发生根本改变。荷兰想重新控制殖民地,而印度尼西亚共和国想捍卫独立成果,这两个政治目标水火不容,冲突是必然的,战争经济体制得以延续。

1950年,印尼主权获得承认,主要政治目标是从政治、经济上将年轻共和国团结统一起来。其中,特定的目标包括将荷兰企业印度尼西亚化和国有化,以便配合收复西伊里安的攻势。但选择的政治体制即议会民主制无法产生稳定的政府。宏观经济失衡未能得到彻底解决,问题日益慢性化:预算赤字膨胀、官方汇率与现实脱节、通胀率不断蹿升。经济形势逐渐恶化,采取的经济政策(特别是双轨汇率制度)诱发了爪哇岛与外岛的政治冲突。地方叛乱此起彼伏,但很快得以平息。冲突气氛仍在持续,同时发起夺取西伊里安的军事行动,与马来西亚进行对抗。除了与马来西亚对抗没有达到目的之外,维护印度尼西亚共和国的团结统一和收复西伊里安这两大政治目标都达到了。但这一切却造成了过于惨痛的经济代价,即国家预算赤字越来越大。

议会民主制被总统内阁制(有领导的民主)取代,决策者希望能促成政治形势更加稳定,推出了有领导的经济体制,强调经济政策服从政治政策,国家在经济生活中发挥主导作用。由于多种原因交织影响,这一实验没有奏效。同时,宏观经济失衡状况持续恶化:外汇更加稀缺,国家预算失序,通胀失控脱缰发展成恶性通胀。严峻的经济形势激发人们要求改变的呼声，导致出现政治变革。

新政府（新秩序）登上舞台，将经济状况改善确定为首要目标。新的执政者为能干的技术官僚群体提供了政治支持，使其施展才华，克服恶性通胀，重振经济生活，接着规划和实施可持续的建设计划。在30年时间里，印尼取得的经济成就举世瞩目，各种社会福利指标也呈现出实际进步。印尼跻身"亚洲虎"行列。这段时期，政治和经济达到了前所未有的协调一致。

然而，稳定繁荣的水面之下，两个"负面"动态暗流涌动：第一，政治稳定是经济政策和高效建设所必需的，但其副作用是使政治生活死气沉沉、裙带作风滋生蔓延。权力制衡没有到位，民主化要求日益强烈。第二，经济建设成功也带来一些副作用，诸如，公众的生活需求已不仅限于衣食温饱等基本需求。基本需求满足了，他们开始向往非物质的基本需求，即更多的参政权。这次，经济成功而非经济失败催生了政治变革需求，推动了民主化。

上述两个动态相互强化，并随着时间推移合流为一，但依然不够强大到触发变革，直到1997/98年危机到来。这场经济危机将潜在力量变成现实政治运动：民众走上街头，要求民主化、分权自治和透明化。印尼进入新的政治环境并采用新的游戏规则——迎来了改革时代——其后果也影响到经济政策的制定和实施效率问题。

纵观历史，我们注意到，某一时期的政治目标与当时的经济目标并不总是步调一致、同声同气。我们常常须在二者中作出妥协权衡。历史显示，经济目标总体上要服从政治目标。但在一定时期（如经济危机时），经济目标是当务之急，要高于政治目标，至少在短时期内直到克服危机为止。历史也表明，如果政治目标与经济目标之间存在巨大反差甚至鸿沟，那么等待国家的就只有艰难困苦，必须使二者协调一致，这是一个令人痛苦的过程。国家管理者的任务就是保证两个目标随时都不能出现相互挤压和碰撞。

在新秩序时期，也许是前20年，两个目标的协调一致昭然若揭，在经济领域的成就斐然。但是，随着时间推移，参政权、民主化、透明化的要求日益强化。在改革时代，印尼确定的政治目标高于以往，那就是民主。当然，这也带来了其他后果，即与本可达到的经济目标反差越来越大。现在，印尼已经得到了世界第三大民主国家的美誉，但不再是"亚洲虎"了。客观地说，我们的经济成就总体上还没有达到尽可能的高度。事实是，至少在政治目标还处于转型期和稳固期的时候，政治目标与经济目标还存在妥协权衡。

无论是在思想理论还是实际落实上，政策的延续性和质量都决定了经济政策的成败。

由于历史的厚爱，新秩序时期有一个技术官僚群体，其成员在技术上非常能干，作为团队又十分默契。由于当时政治统治者的保护，这个团队能够很出色地工作，集中精力做好决定中长期经济政策成功的战略规划。出类拔萃和团队默契使他们得以制定高水准的政策。因此，印尼取得举世瞩目的经济成就不足为奇。但这一切都是在独裁政治体制下取得的，必然带有我们之前所说的那些弱点。

现在，我们已实行全面民主，有了五年一循环的政治周期律。总统选举之前，每位总统候选人就会宣扬他的工作计划，常常突出差异性和分歧点，强调其工作计划是"全新"倡议，与前任总统的工作计划大相径庭。这一切都是为了争取公众选票，而在民主体制中，这恰恰是决定胜负的关键因素。新总统就职后成立经济团队，落实竞选承诺，并且以全新面貌的新人充实团队，前届内阁成员一概弃用，经验和能力常常放在次要位置。这种取向被我们实行的总统制所强化。事实上，应该广纳议会各政党的职位需求。在这种形势下，经济政策的延续性和水准很难保证，影响最终也会落在经济成就上。

我们该怎么做？肯定的回答是，不能降低我们的政治目标，重走独裁体制的老路，那是一个大倒退。民主能够支撑有效的经济政策，一些国家已经证实了这一点。如果说我们能从那些成功国家的历史中获得启示的话，那么其要诀就是要建立政治和经济更加高度协调一致的机制。规范和建设这一机制是国家建设的精髓。接下来的章节，我们要分析一下高质量的公共机构在决定国家进步发达中具有怎样的中心作用。

建设公共机构[①]

在美国与墨西哥交界地区，有一个城市叫诺加勒斯。这个城市很特别，被两国边界的隔离网一分为二。北边属于美国亚利桑那州，南边属于墨西哥的索诺拉州。这是19世纪两国历史纠葛的结果，在此不需谈论。需要指出的是，这个城市的南北两边自然资源禀赋相差无几，绝大多数当地居民都来自同一个祖先，但它们的生活状态却有天壤之别。[②]

北部，家庭年收入平均为30000美元；南部，只有约10000美元。北部，大部分成年人都是高中毕业；南部，很少有人有高中文凭，不少青少年甚至都没上过学。诺加勒斯南部的人比北部寿命短，整日生活在医疗保健条件差、道路条件恶劣、其他生活条件残缺、犯罪率高企令人提心吊胆的环境中。

我们脑中浮现这样一个问题：究竟是什么原因使一座城市两部分人生活截然不同？答案就是：诺加勒斯南部影响居民日常生活的公共服务体系

[①] 此为2015年10月24日在雅加达帕拉马迪纳大学公共课的讲义，后刊载于2015年11月12日《罗盘报》。

[②] 本故事引自于Acemoglu dan Robinson(2012)。

绩效比北部差得多。政治肮脏,当地政府对居民需求冷漠,官僚机构节奏缓慢,苛捐杂税多如牛毛,执法机构执法不清。要想赶上北诺加勒斯,只有一条路可走,就是提高机构绩效。

此类故事不仅发生在诺加勒斯,比较一下南、北朝鲜,昔日的东、西德,也会看到类似的故事。我们国家的一个地区和另一个地区也大抵如此,尽管反差不如上述国家那样明显巨大。传递的信息只有一个:公共部门——机构——的绩效决定民族的繁荣与否。

从本质上看,每个公共机构皆由两个基本要素构成:一是一套游戏规则;二是执行游戏规则的人。一个机构的本质不是楼堂馆所,也不是各种精密的办公设备,甚至不在于上班的人数多少。一个机构的绩效由上述两个核心要件的质量决定,即游戏规则的质量和执行人的质量。

机构建设远比创办工厂、修建基础设施、开垦农田矿山复杂得多。机构应该扎根在一个国家的民族文化和社会实际中,完全体现本国特色。建设机构如同种树育林,应该适应本国的土壤和气候,不能从其他国家生搬硬套。它应该在本国的现实社会环境中培植生长,并由我们亲手栽培。机构必须是土生土长的(Institutions must be homegrown)。

人是机构的集合体。游戏规则制定者和执行者的素质决定一个机构的绩效。

人的建设和机构建设都要求长期的、代代相传的、持之以恒的努力。这一要求不是一个预算年度、一个五年政治周期就能达到的。在现实世界的民主生活和政治生活中,长期问题常被不断扑面而来的"紧迫"问题所排挤。我们不知不觉就陷入了万事追求短平快——短期效应(shorttermism)的状态,感觉难以抽身将时间和注意力放在思考那些长期根本性问题上,而那些问题最终将决定我们民族能否继续生存50年、100年、200年。

我们的确从未在人的建设上袖手旁观,在教育和医疗卫生上都曾实行诸多计划。但是,可以说,以培养塑造印尼优秀新一代为重心的综合性计划和政策还是一张白纸。

要有代代相传的前瞻战略。只有善于培养塑造更加优秀的下一代,一个民族才能兴旺发达。因此,教育和医疗卫生政策的中心和重点应放在"年青一代"身上。要围绕这个目标,采取综合性措施,从还在母亲子宫中的胎儿开始,至少到他们迈入青春期,都要不断培养开发印尼孩子的身心潜能。在具有决定未来人生的每个年龄段,都要综合协调并最大力度地实施有关计划。如果现在漫不经心、迟缓延误,我们将会产生在身体和精神上都"矮小"的一代——发育不良的一代!

最近,一些关于对孩子施暴和剥夺孩子权利事件的报道接连不断、触目惊心,令我们的道德良知深感不安。更让我们忧心忡忡的是,这些针对孩子的犯罪行为破坏了我们民族建设的努力。

因此,教育、卫生、保护儿童应成为我们建设年青一代的三位一体计划。我们的理想是,在未来,我国每个新生婴儿毫无例外都能受惠于这个综合性计划。

2500年前,古希腊哲学家亚里士多德曾说:一个良好的社会即公正的社会(a just society)是所有组成要素都适得其所的社会——包括所有人都处在与其天赋和能力相符的位置上。人得其位,位得其人(The right person in the right place)。这就是"任人唯贤"(meritokrasi)。与人的建设同等重要的是,任人唯贤是建设高效机构的前提条件。

选贤任能不是自然形成的。事实上,在发展中国家,存在着不少文化、社会、经济和政治障碍,使能者居其位遭遇重重困难。民主并不确保人尽其才。民主能对不拘一格降人才起辅助作用,但并不创造前提条件。关键在于一点:我们的民族精英们要有强烈的政治意愿和坚定的承诺,为建立贤者居其位的制度提供切实保障。这里有一个榜样值得学习,那就是新加坡。

我们不可能对所有机构的整顿毕其功于一役,而是要确定哪些机构适合率先优化。

我认为,有3个公共机构对其他机构具有广泛影响,应该放在整改的优先地位,这就是政治、官僚、法律三个领域的有关机构。

政治。曾经有句名言:"政治是统帅"。此话无大错,因为在现代国家,政治是约束公众规则的主要来源。政治机构是制定公共规制的上游机构,在整饬的机构中首当其冲。如果从一开始制定的规则并非良善,其他机构做得再好,公众也无法享受其成果。

政治机构应该由民族的优秀儿女充实。在独立斗争时期,本民族最优秀、最耀眼的人成了政治斗争指路人,赢得了独立的辉煌胜利。此后,我们民族再难保持那种杰出俊才脱颖而出的标准,也对其后果有目共睹。民主显然不能保证民族最优秀的儿女踊跃投身政治。最优秀的儿女不愿从政,远离政治生活的现象再也不能延续下去了。亚里士多德的老师柏拉图曾经警示我们:"拒绝参政的惩罚之一,就是你将被糟糕的人统治。"(One of the penalties for refusing to participate in politics is that you end up being governed by your inferiors.)

官僚体系。游戏规则再好,如果实施部门不给力,也会失之毫厘差之千里。面对的问题是一样的:如何吸引最优秀的人才进入官僚体系。官僚机构是落实任人唯贤原则的晴雨表。官僚体系改革应致力于创造有利环境,吸引最优秀的儿女为公共利益奉献聪明才智。

在这里,民主并不必然确保建立好的官僚体系,也不是官僚体系改革成功的先决条件,关键在于民族精英们的政治意志和郑重承诺。官僚机构改革不能在一届内阁任期内一口气完成,而是需要数届内阁连贯持续、承前启后推进一系列整顿措施才能有效完成。

法律。下面我想以一个历史故事来强调法律机构建设的重要性。

18世纪,几乎同时发生了两场大革命:美国革命(1776年)和法国革命(1789年)。这两场革命都有崇高的理想,即以民主、自由和公平的新秩序取代各国不公正、压迫性的旧秩序。然而,两场革命走了两条截然不同的道路。美国革命一直沿着通往建立稳定民主国家的道路前行,而法国革命在进行10年之后,却以拿破仑·波拿巴称帝而告终。

为什么?各种因素决定了发展轨迹的不同。但我认为,最根本的区别在于革命过程中如何运用法律。美国革命领导者们从一开始就希望在他们的新国度里采用注重正当法律程序(due process of law)的英国法律体系。在最初设计中,他们就致力于完善那些相当良好的旧法律体系,建设新的法律基础。法国革命的代表人物则希望全面破除旧的法律体系,以符合革命理想的全新体系取而代之。由于各种原因,法国革命在发展进程中变得越来越激进。人民对贵族以及那些与旧秩序有千丝万缕联系的人充满仇恨,革命领导者却利用民众的仇恨情绪作为行使法律的动机和动力,这样一来,便出现了法律混乱。在1791—1792年所谓的"恐怖统治"时期,许多人未经任何正当法律程序便被送上断头台。接下来,出现了社会混乱。人民开始向往恢复社会和平秩序,于是,出现了拿破仑·波拿巴这位强人,只有他才能恢复秩序。法国人感激他,赋予他绝对权力。这就是历史的教训:如果不按照正当法律程序执行法律,不重视真理和公正,而是基于仇恨的话,就会造成"社会失序"。这就需要一个独裁者来恢复"社会秩序"。以民主为理想的革命最终却创造了独裁体制。

这个故事警示我们,维护公正的法律执行格外重要,建设法律机构格外重要,我们的优秀儿女投身祖国的法律建设和规范化同样格外重要。

因此,民族建设的本质是机构建设,机构建设的关键是人的建设,特别是年青一代的建设。在本章最后一节,我们想以一个邻国国务活动家关于印尼的见解作为结尾，其核心也是讲述机构建设作为发达进步基础的重要性问题。

李光耀眼中的印尼[①]

李光耀在逝世前，出版了其最后一本著作《一个人眼中的世界》(One Mans View of the World)。书中，他谈到了对各国的评价，包括印尼。我写此文是想向没读过该书的读者介绍这部著作。我们偶尔离开顾影自怜的镜子，以他人的眼光，尤其是李光耀这样的重要人物的看法来反观自己，是大有裨益的。

李光耀是有争议性的人物，尤其是在本地区，这里，我必须提到这一点。他对本地区及全球战略问题的看法既尖锐犀利又切中要害。他直言不讳、坦率磊落的风格确实有时令人内心不悦，但事实上，不少世界级领导人都引用他的观点。

从一开始，李光耀和新加坡的政治精英们就认为印尼作为其最大邻国的发展对他们的战略规划格外重要。60年代，李光耀的一位同事吴庆瑞[②]预测，印尼会四分五裂，但事实并非如此。李光耀注意到苏哈托，这位他格外熟悉的老朋友尽管没有解决贪污腐败和裙带政治问题，但在危急关头挽狂澜于既倒，在后来成功建设印尼中发挥了重要作用。在比较印尼和缅甸时，李光耀说："两国都有天赐的丰富自然资源，同样由一位军人领导。但奈温将军选择了社会主义道路。假如苏哈托不是那么坚定地实行他的建设政

---

① 该文曾刊于2015年5月《罗盘报》。
② 吴庆瑞(Goh Keng Swee, 1918—2010)，生前曾任新加坡财政部长、内政及国防部长、副总理，退出政坛后任新加坡金融管理局主席、货币局主席、政府投资公司副主席等，为新加坡独立和繁荣做出了卓越贡献，享有"新加坡经济发展总建筑师""新加坡经济发展之父"和"新加坡经济塑造者"的美誉。——译注

策,印尼也会出现与缅甸同样的命运。"

在新加坡精英的思维中,印尼很可能会分崩离析。这个问题是李光耀著作里的第一要点。他认为,尽管印尼取得了令人瞩目的经济进步,但苏哈托集团中央集权(军人专政)的政府体制不是维护这个多元化国家统一的最佳答案。他说,这个制度好似一个高压锅,随时可能爆炸。他认为,如今,分权自治的印尼更能发展进步,维护完整统一。我们每天面对眼前的现实,自然会说,在中央集权和分权自治之间,均衡的钟摆尚未停在合适区间,还需继续调适。

李光耀认为,印度尼西亚的缔造者们为民族统一留下了最核心的遗产,那就是印度尼西亚语。该书的其他部分专门探讨了统一语言(英语)对新加坡的重要性。李光耀关于统一语言的见解值得我们借鉴,应促使我们强化承诺,培育、爱护、发展我们的民族语言。

分权自治和民主并不能使得阻碍印尼进步的根本性问题迎刃而解。李光耀认为,印尼想要进步,必须克服三个问题:(1)政治僵局;(2)贪污腐败;(3)恶劣的基础设施。

从中央到地方,我国政治生活胶着僵局、政令难通的例子信手可拈。然而,李光耀的观察结论值得一提,他看到我们的制度——直选总统和立法机构议员——从内生性上容易导向"政治僵局",建议我们观察法国的制度,像法国一样,如果出现胶着僵局,总统应有权解散议会、要求举行议会选举。李光耀也许是对的,也许说错了。不管怎样,他提醒了我们,当务之急是克服干扰性极大的制度"僵局"问题!

关于解决贪腐问题,新加坡的经验值得借鉴,尤其是将建立法制和建设官僚机构这一更宏大的计划相结合。新加坡一直对其这方面的成就引以为傲。

李光耀十分强调印尼这样的群岛国家建设互联互通基础设施的重要

性。这一观点百分之百正确,与我们的感受和思路完全一致。对一个国家和民族来说,只有以经济统一为基础,政治统一才能持续;只有建立各地区的有效联通,经济统一才能实现。这里涉及的不只是项目所需征地、投资或国家预算拨款等问题,而是如何统一规划建设三五十年甚至更长时间都管用的国家交通通讯体系的根本性问题。坦率地说,在现有五年周期律的分权自治和民主环境中,很难达到这一点。每逢这种时刻,我们总会怀念那些为民族发展高瞻远瞩、为事业传承深谋远虑的国家领导人。

结尾前,我想引述李光耀的一段话:

> 近十年来,印尼堪称业绩可嘉,经济持续保持增长4%到6%。全球金融危机没有对其经济业绩造成太大影响。中国和日本被其丰富的自然资源所吸引,进行了大规模投资。但是,在未来二三十年里,我看不到这个国家会发生根本性变化。马来西亚也许会更快发达起来,因为它地理上更统一,交通设施更完善,劳动力也更有活力。
>
> 印尼经济尽管也取得进步,但仍然依赖自然资源。人们还在靠大自然给予东西,而不是靠自己的双手创造一切。
>
> 自然资源太丰富容易使人懒惰。"这是我的土地。你希望得到它蕴藏的资源吗?拿钱来吧",这种观念助长的是慵懒闲适的生活态度和文化,其根深蒂固,很难消除。

并非所有的话都是美言,但也许正是我们建设民族精神所需要的诤言。

他的去世使亚洲失去了一位目光远大、思维清晰、敢于直言的重要人物。

第十一章

以史为鉴(2)：在全球化时期维护稳定、化解危机

防御经济动荡的体系[1]

当今,全球化时代,我们必须接受一个现实,即动荡和干扰会随时到来,使我们的经济"脱轨"。我们必须常备不懈,随时准备应对。这就是全球化的现实。干扰有哪些？历史证明,有三种主要干扰曾经阻碍我们的经济发展：

一是进出口主要商品价格的动荡。回想 80 年代,我们的主要出口商品石油价格大幅跌落,对国家收支预算和经常项目造成严重影响。21 世纪头十年至几年前,我们遭遇的情况截然相反,石油价格持续高涨,可惜的是,当时我们已成为石油进口国。近年来,我们遭遇了主要出口商品如煤炭、矿产、油棕和橡胶价格持续走弱。对于这类干扰,我们称之为贸易条件(terms

---

[1] 该文为 2015 年 11 月 21 日提交日惹卡查玛达大学经济与商业系大学生研讨会的论文缩略版。

of trade)动荡,对我国实体经济和金融领域造成了各种影响。

二是源于资本流的动荡。全球化时代,全球数万亿美元的资金流随时会迅速掉转流向,对本国的冲击也会显著反映在汇率动荡、银行流动性枯竭、资本项目赤字上。在接下来的回合中,金融领域的动荡会蔓延到实体领域,体现为大规模下岗、企业倒闭、经济出现衰退。1997/98年亚洲金融危机时,我们经历了这一切,让我们的经济创巨痛深。2008/09年全球金融危机期间,我们又经历了同样的震荡,但这次准备充分,破坏相对轻微。

三是自然灾害。如厄尔尼诺现象在1997/98年导致旱季延长,2015/16年似乎也导致干旱;再如,2004年的海啸和其他自然灾害。

无论我们喜欢与否,这些干扰的风险都会时常伴随我们。除了随时保持警惕、加强戒备外,别无他途可循。经验告诉我们,在三种干扰中,资本倒流对金融领域的影响是爆炸性的;进出口价格变化的影响并非爆炸性的,但会直接冲击实体领域,而且持续时间相对较长;自然灾害干扰通常不会触发危机,但会使不利形势雪上加霜。这些干扰何时出现,神秘莫测。如果不止一种干扰同时发生,影响会更加深重。

如今,我们需要回答的问题是,建立怎样的防御体系才能有效应对上述干扰?

历史教训证明,防御体系应尽可能地具备内置平息危机影响系统的灭火机制,即应该能够自动启动早期反应。风波并非每次都是无中生有。有什么办法应对?在最底层架构上,应建立抗干扰能力强的合理经济结构。如果将经济比喻成一艘大船,首先要保持稳当不摇晃、经得起风浪、不容易漏水等。

按照这个逻辑,下一步架构上应是建立如何使大船保持航行的基本原则。驾驭经济也和驾驶航船一样,在面对随时出现的惊涛骇浪时,需遵循一个通用的重要原则。这个原则就是"谨慎小心"。无论是在风平浪静,还是巨浪滔天时,"船长"都要始终坚定信守这一原则,奉为政策指南。

上述两点即坚固的主体结构和谨慎小心的原则,能降低航船在风暴来临时倾覆沉没的风险,但不能完全消除风险。为什么?因为每一次动荡、每一场危机,都具有独特特征,初期难以预测,爆发后需要特定的应对措施。面对风暴冲击,船长应智勇双全,能根据瞬息万变快速反应,以确保航船和全体乘客安全脱离险境。危机中的快速反应十分重要。船长和全体船员应按照明确的操作手册和流程去做,同时也要有一定的灵活度和相机独断的空间,以便在危急时刻采取最佳措施。

本着这种思维模式,我们设计了由三道防线组成的防御体系。

第一道防线是依托可抵御危机的经济结构。核心是,避免形成脆弱的、经不起动荡冲击的经济结构。

以下几个例子指明了应避免的结构性特征:

- 依赖一小批商品出口,过多依赖一些战略性商品(如粮食、能源)进口。这样的国家易受贸易条件动荡的冲击。

- 金融业发展过快,与实体经济脱节。极端的例子就是冰岛。那里的银行业发展很快,甚至太快,而实体经济远远滞后。2008年危机发生后,银行业的资产(主要被国际银行主导)是国内生产总值的10倍。为什么会这样?危机前,当全球流动性宽松时,国内经济行为主体纷纷借贷,利息极低。泡沫或债务泡沫达到实体经济的几十倍。后来,当2008年全球金融危机爆发时,流动性收紧,泡沫破灭。冰岛的实体经济和银行业全面坍塌,人民生活水平一落千丈。

- 市场结构"单薄",以致一两个市场行为主体的动作就能使市场不分畛域地动荡。这种多动易变的现象会发生在所有"市场",但在金融市场如外汇市场、债券市场、银行间货币市场、股票市场上最为突出。"增加市场厚度"应成为预防动荡的经济结构建设的一部分。

我们建设经济，目标是为了减少我之前说过的结构性失衡，几乎可以肯定，这对防御危机动荡具有更好的抵抗力。这项努力应该成为长期建设战略的一部分，应该持之以恒地落实，不可经常改弦易辙。

第二道防线是在政策层面。这里的关键，是在宏观经济和金融管理主要机构中培育"谨小慎微"的文化。坚持谨小慎微的原则应成为决策者的"本能"品质。

为什么？因为一贯坚持谨小慎微的原则：一是可以避免在正常时期出现"政策疏忽"，使已发生的危机变本加厉，甚至触发新的危机；二是有利于培育市场对当局所采取政策的信心和信任。危机时，信心是无价之宝。政策行动目标就是要严防在主要领域出现"泡沫"。方法就是持续监督，必要时采取早期矫正措施，主要针对两种现象：一是资产价格的变动通常会指示是否出现（房地产、股票）泡沫；二是经济运行中的债务数额，特别是政府（因为预算赤字累积）和实业界（因为扩张过猛而忘记了谨慎经营原则）两个经济主角的负债。两者都要信守谨慎原则，以确保随时都处在宏观稳定的安全线内。

以下是几个应该监控的数据规模，必要时要预先矫正：

- 国家收支预算赤字（初数和总数）。
- 填补赤字的资金来源（特别是易受资金外流变化影响的部分）。
- 政府（内外）债务占国内生产总值的比率。
- 政府到期债务概况。
- 易受贸易条件变化影响的政府收支主项。
- 国企和私企（内外）债。
- 二级市场上政府的不动产、股票和债券（如果有国企和私企债券的话）、黄金等价格。
- 银行贷款增幅和流向。

如果上述主要指数能始终保持在安全线内,将创造一种稳定锚,平时稳定人心,危时化险为夷。

第一和第二道防线是预防危机的措施。第三道防线是在危机真正发生时才启动。到那时,无论各有关方面独立还是联合行动处置危机,都应该遵循规则或"协议守则"。这道防线最需要集众人之智。官员们需要采取"即时"必要措施,以解决危机期间现场出现的各种问题,此时"协议守则"作为依据格外重要,当机立断决定着化解危机的成败。但是,我们还要记住,协议守则只是应对危机防御体系的一道防线而已。

在撰写本章时,采取第三道防线的主要依据即金融体系安全网法规(JPSK)正在国会讨论。与此同时,有关机构也在准备各种行动指南。在等待立法程序时,一些重要的公开论点值得在法律制订中予以关注。

第一,正如上述所说,每场危机都有难以事先预料的独特性,因此需要留给决策者根据现场动态对症下药的灵活空间。协议守则中对决策者设限区域越少,效果越好。

第二,在金融危机中,一切都瞬息万变,弹指一挥间,需要同步快速反应。我们面对的是快速移动靶,协议守则(特别是关于机构间协调的)中关于决策程序的确定,应尽可能促成而不是阻碍快速反应。另外,繁琐冗杂的程序徒增危机失控的风险。

第三,尽管每场危机都有独特性,但"前事不忘,后事之师",过去的危机可以给解决未来危机提供不少有益借鉴。因此,我们要多学习过去的经验,无论是自己的还是其他国家的。那些准备应对危机的人,尤其是从未有过处理危机经历的,更应补上这一课,以做到有训可鉴。那些受命处置危机的人应虚心领会和善用以往好的经验。这样,每当危机发生时,才不会胸无点墨。这里需要的是,形成一股构建和善用处置危机的知识积累、经验积累(系统性知识)的风气。可惜的是,这种风气还没在我国生根发芽、蔚然成风。如此一来,人民就要承担各种后果。

让我们重申一下本章所探讨的核心观点:

- 全球化时代,我们要随时准备应对不期而至的动荡。
- 我们的历史中,有三种主要干扰:进出口价格变动(贸易条件指数)、资本逆流向、天灾。
- 三种干扰中,资本逆流向具有爆炸性影响,进出口价格变动次之,天灾通常不会诱发危机,但会加重危机。
- 危机防御体系由三道防线组成。第一道防线是"均衡"的经济结构,第二道防线是政策"文化",其核心是恪守谨慎小心原则。二者在危机远未到来前就应筑成。
- 第三道防线是克服危机的最后一道防线,格外重要。这道防线由一套协议守则组成,是决策者们在危机发生时快速准确行动的依据。

以上就是应对危机所需的防御体系大要。下面章节选自探讨我们应对 1997/98 年和 2008/09 年危机经验的英文论文。

管控金融危机:印尼经验的一些教训[1]

危机——特别是金融危机——从定义上看,是一场快速发生并需要快速反应的事件。政策目标迅疾转换,有时要做到分秒必争。然而,差的决策者通常习惯于依赖慢节奏运作的官僚机构提供绝大部分弹药。过去,政策制定者时常但不总是落在曲线后面。但从 1997/98 年危机之后,这方面取得显著进步。机构搜集市场信息、研判市场情报的能力大幅提高,与本地区及跨地区其他权威机构的沟通也更加频繁有效。也有一些特别倡议,要求提

---

[1] 本节为 2015 年 9 月 22 日雅加达存款担保机构(LPS)举行的国际研讨会上提交的论文。

高相关机构内一些小型次级系统的政策支持能力,以便使其能更好备战。我们已经做了许多,但如果想在下一次危机中把仗打好,还需要做更多。

尽管取得了很多进展,但政策制订者还会继续面对我所说的信心缺失问题。需要决策拍板时,几乎总要展示极大的弘毅度。这时,要依靠自己的智慧并相信自己的直觉来权衡其行动的风险。危机的一抹亮点在于它是区分优劣决策者的试金石,能让你确定将合适的人放在合适的位置上。一着棋错,满盘皆输。因此,凡事要未雨绸缪,在正常时期就从早抓起。

每场危机都要付出巨额学费。就我所知,有史以来,无论何处,危机结束时无不让社会、经济、私企或国家金融付出惨重代价。在危机中幸存从来就不是免费的午餐。

现实的目标是,如何将成本降到最低。在充满许多未知数和不确定性的形势下,这不是门简单功课。然而,有一条简单原则,如果遵循了,将会有助于决策者作出好的决定。这个原则就是,危机状态下,当周遭都充满不确定性和未知数时,行动目标要直接瞄准消除不确定性和未知数,最好的行动是将剩下的不确定性和未知数降到最低程度。

听起来寥寥数语,实际上确是良好务实的指南。这是因为,危机会从不确定性和未知数中抽取内在能量。当不确定性和未知数消减后,危机的猛烈度也会减退。还有一个更好的理由:每个不确定性都会带来不确定的成本,每个未知数也会带来未知的成本。因此,我们如果成功减少了不确定性和未知数,就是减少了危机潜在的成本。

例如,在现实中应用的话,我们宁可选择封闭性结果的行动,也不要选择那些开放性结果的行动。即使前者(封闭性结果的行动)带有确定的或已知的成本或代价,这套配方依然有效。因此,谨慎的做法是,在成本已知的情况下救助一家即将倒闭的银行,而不是在未知成本的情况下让其倒闭,把宝押在银行可能遭挤兑的风险上。这让我们想起一句名言,与你已知的魔鬼打交道,好过同你未知的。

人们不能过于强调一个政策含有好政策的特质,即目标清晰、连贯性、有明确时间表是何等重要。不幸的是,这些要求在现实中并未达到,理由成千上万,但社会必须承受无法避免的后果。在此,以我们历史中的两个片段来说明这一点。

凭着事后觉悟,我们可以说,在1997/98年危机的头三个月及之后时间里,我们没有拿出好的政策,即没有满足目标清晰、连贯性、有明确时间表的特质条件。试想一下,三个月是多么长的时间!其中一个主要原因,就是当时出现的危机(资本流入戛然而止)对印尼决策者来说,是一个全新的现象。我们邀请国际货币基金组织给予帮助,但他们似乎也没有备好经过考验的合适药方。只是到了1998年1月形势变得更加糟糕时,我们才搞明白。那时,全范围的银行挤兑已经出现了。

坏事变好事,我们似乎从那段经历中学会了变得聪明。因此,在2008年危机——一场规模更大的危机——中,凭借更好的协调和更及时的反应,我们也做得更好。到2009年,我们已从危机中全面复苏,进入连续几年增长和稳定的新阶段。

我们现在来看看危机中的另一个重要因素——心理。任何一场危机中,管理人的心理都是至关重要且生死攸关的。在发展中国家,这一任务具有绝对的生死攸关性。为什么?因为在这些国家中,所有现代机构,包括那些处理危机的机构,仍处在"打造之中"。它们一般都只有很短的业绩记录,公众对其信心和信任都还不够深厚。它们不够壮实。这点,印尼也不例外。

这些国家的人们部分出于上述理由,容易受谣言蛊惑和小道消息的影响。每当决策者没有向公众沟通好政策措施时,形势就会急转直下,这已成为常例。制订政策时,必须充分考虑公众心理承受力。我们在1997/98年的痛苦经历充分说明了这一点。

1997年11月1日,政府宣布关闭一些小银行,其资产占整个银行业资产不足4%。仅仅数小时内,谣言满天飞,说接下来几天将关闭更多银行。尽管政府作出承诺,但谣言持续数周,最终导致银行全面挤提。

这个情节让我们确信,在这个国家里,当局决不能轻视政策带来连锁反应的风险,每一步都要如履薄冰,预防此类事件发生。连锁反应的结果是不明的,最终代价也是不可知的。我之前提到的原则在此仍然管用——与你已知的魔鬼打交道,好过同你未知的。

最好的谨慎工具是,兜底担保为最终选项。即便形势所迫需关闭银行又不想造成储户紧张不安,也要让储户确信他们的钱是安全的。没有兜底担保,正如我们在1997/98年的经历一样,银行挤提的风险就会变成现实。假如不采取兜底担保,唯一的选择就是,在整体形势恢复平静前,不要关闭银行。

在运用兜底担保方面,也有不同观点,但大都是建立在错误的事实和误导的轻信基础上。一种观点认为,是兜底担保附带的道德损害导致了1997/98年银行体系的坍塌,这是对历史的误读。让我们来回忆一下当时的事件。

1997年11月我们关闭银行时,没有兜底担保。事实上,恰恰因为这个缺失,导致大范围的紧张不安,并造成银行普遍挤提。1998年1月才宣布兜底担保,3月成立国家银行业整顿机构(BPPN)后才付诸实施。从那时起,多亏有兜底担保,银行挤提逐渐减少。在接下来的几个月里,进入"大扫除"时期,不少银行被关闭,但没有发生普遍挤提现象。兜底担保实际上挽救了我们的银行体系,使其避免被黑洞吞噬。当然,我们并未完全引以为戒。2008年危机期间,本地区重要经济体因担心可能出现银行挤提而采取了兜底担保,印尼没有这么做,不必要地暴露了传导性的风险。善于从历史中吸取教训,能使我们今后在处理危机时更加游刃有余。

我还想提醒诸位的是,1997/98 年危机不仅是一场金融危机,它始于外汇市场的流动性危机,后又发展为银行危机,但并未到此为止。经济活动急剧下降导致大规模失业。印尼更因厄尔尼诺现象而厄运透顶,那场天灾使得本国第一次陷入 25 年来最严重的粮食危机。1998 年,大米价格成倍上涨,大规模失业加上食品价格飞涨,诱发了社会动乱。接下来发生的事件,就是许多地区社会秩序崩坏,社会动乱引发政治危机,之后是政权更迭。

上述事例提醒我们,对于机构仍在构建的发展中国家来说,一个现实危险是长期存在的,即金融危机可能演变成一场社会代价难以估量的更大范围的危机。仅就印尼而言,更大范围危机的表现特征,就是失业人数和粮食价格变化。本国的未来危机管理者们要对这两个至关重要的指数常熟于心,始终洞若观火。

在结束我的讲话前,让我再次强调一点,以史为鉴尤为重要。本国最大的缺失在于没有建设机构知识储备库,尚不能帮助机构更好地发挥职能。可悲的是,尽管不是绝大多数,但很多方面都对建立机构记忆存储和知识积累毫无意识。这是十分令人遗憾的。

一个人只有不断积累知识,才会更加聪明。一个机构只有不断积累其主管领域的相关知识,才能更有效率。只有机构不断进步,社会进步的意义才会充分体现。对危机的抗御力,取决于我们的机构能否不断自我精进,取决于下次风暴来临时,它们是否有备无患。

参 考 文 献

Acemoglu, Daron dan James A. Robinson, *Why Nations Fail*, New York: Crown Publishers, 2012.

Anggito Abimanyu, "Exit Strategy dan Kemandirian Kebijakan Fiskal Indonesia" dalam Heru Subiantoro dan Singgih Riphat (editor), *Kebijakan Fiskal*, Penerbit Kompas, 2004.

Arndt, Heinz W., "Banking in Hyperinflation and Stabilization" dalam B. Glassburner (editor), *The Economy of Indonesia: Selected Readings*, Ithaca, New York: Cornell University Press, 1971.

——, *Pembangunan Ekonomi Indonesia: Pandangan Seorang Tetangga*, Yogyakarta: Gadjah Mada University Press, 1994.

Asher, Mukul G. dan Anne Booth, "Fiscal Policy" dalam Anne Booth (editor), *The Oil Boom and After*, Bab 2, Singapura dan New York: Oxford University Press, 1992.

Asian Development Bank, *Asian Development Review*, berbagai tahun.

Aspinall, Edward dkk., *The Yudhoyono Presidency: Indonesia's Decade of Stability and Stagnation*, Singapura: ISEAS, 2015.

Australian National University, "Survey of Recent Development", *Bulletin of Indonesian Economic Studies* (*BIES*), berbagai tanggal.

Boediono, "Perspektif Makro Pemulihan Ekonomi Indonesia", makalah untuk Kongres ISEI, Makassar, 2000a.

——, "Apa Prasyarat Dasar bagi Ekonomi Indonesia untuk Pulih Kembali", presentasi untuk Seminar FEB UGM, 2000b.

——, "Indonesia: Strategy for Economic Stability and Sustainable Growth", makalah dipresentasikan pada Ministry of Finance Japan, 2001.

——, "The International Monetary Fund Support Program in Indonesia: Comparing Implementation under Three Presidents", *BIES*, vol. 38, no. 3, 2002.

——, "Kebijakan Fiskal: Sekarang dan Selanjutnya" dalam Heru Subiantoro dan Singgih Riphat (editor), *Kebijakan Fiskal*, Penerbit Kompas, 2004.

——, "Stabilization in a Period of Transition: Indonesia 2001-2004", makalah dipresentasikan pada Australian Treasury Conference, 2005a.

——, "Managing the Indonesian Economy: Some Lessons from the Past" dalam *BIES*, vol. 41, no. 3, 2005b.

——, "Mempertemukan Pandang, Menyerasikan Langkah", makalah dipresentasikan pada Kongres ISEI di Manado, 19 Juni 2006.

——, "Managing Financial Crisis: Some Lessons from the Indonesian Experience", makalah dipresentasikan pada LPS International Seminar, Jakarta, 22 September 2015.

——, "Indonesia di Mata Lee Kuan Yew", Harian *Kompas*, 2015.

——, "Menyiapkan Generasi Unggul", Harian *Kompas*, 2015.

——, "Menjaga Stabilitas Ekonomi di Era Globalisasi", makalah dipresentasikan pada Seminar Mahasiswa FEB UGM, 21 November 2015.

―――, "Manusia dan Bangsa", Harian *Kompas*, 2015.

Booth, Anne, "Income Distribution and Poverty" dalam Anne Booth (editor), *The Oil Boom and After*, Bab 10, Singapura dan New York: Oxford University Press, 1992.

―――, "Growth and Stagnation in an Era of Nation-building: Indonesian Economic Performance from 1950 to 1969" dalam J.Th. Lindblad (editor), *Historical Foundations of a National Economy in Indonesia, 1890s-1990s*, North-Holland, 1996.

Dick, Howard W., "Formation of the Nation-state, 1930-1966" dalam H.W. Dick, *The Emergence of a National Economy*, Bab 6, Allen & Unwin, 2002.

Hill, Hal, *The Indonesian Economy Since 1966*, Cambridge University Press, 1996.

Houben, Vincent J.H., "The Pre-modern Economies of the Archipelago" dalam H.W. Dick, *The Emergence of a National Economy*, Bab 2, Allen & Unwin, 2002.

International Monetary Fund, *The IMF and Recent Capital Account Crises: Indonesia, Korea and Brazil*, 2003.

Lewis, W. Arthur, "Economic Development with Unlimited Supplies of Labour", *Manchester School of Economic and Social Studies*, vol. 22, 1954.

Lindblad, Thomas, "The Late Colonial State and Economic Expansion, 1900-1930s" dalam H.W. Dick, *The Emergence of a National Economy*, Bab 5, Allen & Unwin, 2002.

McLeod, Ross H. dan Ross Garnaut (editor), *East Asia in Crisis: From Being a miracle to Needing One*, Bab 2, London dan New York: Routledge, 1998.

Mears, Leon A., "Rice and Food Self-sufficiency in Indonesia" dalam *Bulletin of Indonesian Economic Studies* (*BIES*), vol. 20, no. 2, Agustus 1984.

Radius Prawiro, *Pergulatan Indonesia Membangun Ekonomi: Pragmatisme dalam Aksi*, Gramedia, 1998.

Sigit Pramono, *Mimpi Punya Bank Besar*, Red and White Publishing, 2014.

Simkin, C.G.F., "Indonesia's Unrecorded Trade" dalam *BIES*, vol. 6, no. 1, 1970.

Sundrum, "Indonesia's Rapid Growth, 1968-81" dalam *BIES*, vol. 22, no. 3, 1986.

Tabor, Steven R., "Agriculture in Transition" dalam Anne Booth (editor), *The Oil Boom and After*, Bab 6, Singapura dan New York: Oxford University Press, 1992.

Thee, Kian Wie, "Indonesia's Economic Policies During the Early Independence Period, 1950-1965", makalah revisi dipresentasikan pada The 8th Convention of East Asian Economic Association, Kuala Lumpur, 4-5 November 2002.

———, "The Soeharto Era and After: Stability, Development and Crisis, 1966-2000" dalam H.W. Dick, *The Emergence of a National Economy*, Bab 7, Allen & Unwin, 2002.

———, "Introduction" dalam Kian Wie Thee (editor), *Recollections: The Indonesian Economy, 1950s-1990s*, Singapura: ISEAS, 2003.

———, "Dinamika Ekonomi Indonesia Selama Masa Awal Kemerdekaan dan Ekonomi Terpimpin, 1950-1965: Sebuah Refleksi Historis", Pidato Kunci pada Lokakarya Hasil Penelitian Sejarah "Indonesia dalam Lintasan Kekuasaan: Belanda, Jepang dan Kemerdekaan Periode 1930-1960", Januari 2005.

Tim Penulis LP3ES, *Bank Indonesia dalam Kilasan Sejarah Bangsa*, LP3ES, 1995.

Van Zanden, Jan Luiten dan Daan Marks, *An Economic History of Indonesia, 1800-2010*, Routledge, 2012.

Warr, Peter G., "Exchange Rate Policy, Petroleum Prices and the Balance of Payments" dalam Anne Booth (editor), *The Oil Boom and After*, Bab 5, Singapura dan New York: Oxford University Press, 1992.

World Bank, *Indonesia: Sustaining High Growth with Equity*, Report No. 16433-IND, Country Department III, East Asia and Pacific Region, 1997.

——, *Indonesia in Crisis: A Macroeconomic Update*, 1998.

——, *Indonesia: Avoiding the Trap*, Development Policy Review 2014, World Bank, 2014.

——, *Republic of Indonesia: Inequality and Shared Prosperity*, Juni 2015.

译 后 记

印尼崛起与中国角色

——与布迪约诺先生的一次谈话及翻译其著作的联想

低调长者

"我同意你把这本书译成中文,介绍给中国读者,希望他们喜欢。"这是2017年3月23日下午,在雅加达门登区(Menteng)莲雾街(Jl. Jambu),布迪约诺先生,这位74岁的爪哇前辈在他私邸里对我说的。那时,天正雨后放晴。

车直接开进这栋普通别墅的前院。我从车上下来时,一位戴眼镜的秘书模样的年轻男士微笑着迎上来与我握手。布迪约诺先生就站在廊檐下,笑容可掬地等候。旁边是一盆盛开的粉白蝴蝶兰。

我快步上前与他握手,并为迟到抱歉。主人说,没关系。我准备脱鞋,他示意不必。在他与我的妻儿握手后,我们并肩走进客厅。

还有印尼米赞出版社的两位女编辑艾斯蒂和尤莉娅妮。她们已提前到他家等候。

布迪约诺先生1943年2月25日出生于东爪哇布里达,上世纪六七十年代先后毕业于日惹卡查玛达大学、西澳大利亚大学、莫纳什大学、美国宾夕法尼亚大学沃顿商学院，获莫纳什大学经济学硕士、沃顿商学院经济学博士学位，曾在澳大利亚国立大学作过研究，1997—1998年亚洲金融危机后进入人们的视野，成为印尼民主改革时代的重要经济和政治人物之一。先后担任印尼央行副行长、在哈比比总统内阁担任国家建设计划部长，在梅加瓦蒂总统内阁担任财政部长，在苏希洛总统执政时期任央行行长、经济统筹部长，2009—2014年又作为苏希洛总统搭档担任副总统。亚洲金融危机发生后，他在印尼发生政权更迭的混乱时期入阁主管金融经济，使印尼宏观经济得到改善，印尼盾兑美元汇率稳定在9000∶1，因而与时任经济统筹部长昆佐罗一道被美国《商业周刊》称为印尼"梦之队"（dream team），好似克林顿时代将经济推向"非理性繁荣"的鲁宾、萨默斯和格林斯潘组成的美国"梦之队"。2007年，他成为沃顿商学院125个"有影响的人物和思想家"之一，被誉为"印尼金融掌舵人"。但现在，这位具有丰富从政经验、在印尼政治经济决策层操刀近20年的印尼前政要选择了低调生活。著作简历中不见"官衔"，只见"博士教授"。

客厅不大，沙发和茶几都很普通，如果不与主人身份和曾经担任过印尼政府诸多重要职务挂钩，你会认为就是在一位普通的印尼长者家里。印尼媒体曾追踪过他的退休生活，说他在卸任副总统后，将所有政府配的家具用品交还，只在一个简朴清净的房子里安度晚年。

一位印尼"博士"知道我是中国华信能源有限公司驻印尼代表，向我推介某个能源基础设施项目时，曾自我介绍任过布迪约诺先生的副手。我告诉他，我正翻译这位前副总统的书。他说，他是个清官。

当我与另一位印尼著名华商提起时，他则说，清官没错，可是有人却贪污了很多钱。

人上一百，形形色色。臧否人物，知易行难。在印尼这个"高成本经济"

(摩根士丹利投资管理公司董事总经理卢奇·夏玛称之为"高效率的贪腐"(efficient corruption))国家,围绕某个人物,你会听到各种各样的故事和评价。关键在于自己要有一杆秤。总体看,布迪约诺先生没有陷入"淤泥",始终理智、谨慎地保持专业经济人士特质,稳妥、有效地发挥应有作用。2004—2014年连任两届的印尼第六任总统苏希洛成立反贪委员会(KPK),将多位贪污腐败的内阁部长、政党骨干送进监狱。布迪约诺先生任央行行长期间的几名副行长也因贪腐被囚,但布本人安然无恙,甚至稳坐副总统高位。2014年10月,佐科总统、卡拉副总统执政后,反贪委员会继续对前任及现任高官进行调查。其中,本书提及的"世纪银行案件"一度涉及布迪约诺先生,后来证实了他本人"清白"。他回到大学校园教书,与夫人及子孙安度晚年。

"文如其人",体现了老实、谨慎、敬业和真诚。这是我翻译他的著作的重要理由之一。

布迪约诺先生对我说,这本书本是写给印尼大学经济专业学生的,准备出版时又兼顾了广大读者,因此,比较浅显。有人曾提出将它译成英文,被他婉拒,因为从专业角度来说,澳大利亚等国一些学者的研究成果更深一些。他问我为什么想把它译成中文。

这个问题打开了我的思绪,我着重阐述了几条理由。在中国国家主席习近平提出"一带一路"新战略、印尼总统佐科推出"海洋轴心强国"战略的新形势下,中国与印尼关系面临着进一步发展提升的新契机。当前,越来越多的中国人、中国企业需要更多了解印尼、了解印尼经济,而布迪约诺先生的这本书恰好符合这一需要。我本人学习印尼语30多年,在印尼工作10多年,见证了中国与印尼关系发展的各个重要阶段,深知一本有价值的好书对增进两国人民之间相互了解的分量,因此,愿意将这本书介绍给中国读者。他微笑着倾听,不时点头。其间,我们还谈及一些印尼政要和前政要的逸闻趣事。之后，他说了本文开头那句话。

谈话中，我向布迪约诺先生求证个别西方学者关于本世纪中叶印尼在国内生产总值上将成为仅次于中、美、印、日的世界第五大国的看法，他微笑着说，有人这么看。我问他，下一本书能否写印尼与中国的经济关系，他笑着说，等这本书出了中文版再说吧。我问他，是否能再到中国走走看看，他表示，去过几次，有机会的话，很想再去。我表示，中文版发行时，希望能在中国见到他。

其间，工作人员端上爪哇红茶、糕点。他的夫人赫拉瓦蒂女士走出来，坐在我9岁儿子旁边的椅子上，像一个慈祥的奶奶。我的夫人书秀是研究中国东盟相互投资法律关系的学者，她走近赫拉瓦蒂女士给她看一些照片。好动的儿子"斗胆"提出要到他们房间和后院去看看。布迪约诺先生和夫人点头微笑说："去吧，他就像我们的孙子一样。我有2个儿女、5个孙儿孙女。"赫拉瓦蒂女士带着儿子去了。儿子后来告诉我，这个爷爷家院子不大不小，看上去很普通。

离开他的私邸时，布迪约诺先生和夫人送出门外，再次表示希望看到中文版能顺利发行。在两位老人目送下，我们挥手告别。走出一段距离，那位译成中文也叫布迪约诺的爪哇司机突然说，刚才好像是前副总统布迪约诺。司机也是个关心政治的人，提起政治人物，常说某某是干实事的，某某是嘴上说得好听、手里专捞钱的，而这位副总统几乎让他想不起来。我倒想，2008年由美国次贷危机引发的全球金融危机没有对印尼造成严重冲击，印尼经济增速反而比2003至2007年经济繁荣时期更快，从年均5.5%提升到超过6%，引起国际瞩目，而那段时期，正是布迪约诺先生担任印尼央行行长、经济统筹部长和副总统的时期。

他不是一个抢镜头的领导人，但印尼能够转危为机、恢复稳定增长，他功不可没。

译后记

小书大道

布迪约诺先生这部经济学"小书"(他的自谦语)在出版后获得很高评价,很快就二次印刷。印尼一些评论家认为,这部著作既深刻精辟,又通俗易懂。更主要的是,简明扼要地总结了印尼发展的历史经验和教训。

化繁为简和画龙点睛。本书印尼语正文不到 300 页,言简意赅地论述了各个时期印尼的政治经济特征,将丰富的历史画面浓缩在流畅的叙述文字中。作为一个长期参与印尼经济决策和管理的资深学者,布迪约诺先生以深厚的理论功底和丰富的实践经验,将印尼 500 年经济发展史浓缩展现,正文、图表、知识箱几个板块巧妙搭配,既有历史发展进程的描述,又有经济学理论知识的普及,更有诸多数据图表和具体案例,令人对印尼经济发展史、国家经济建设面临的重大问题和现实挑战、规划措施等一目了然。在每章"思考材料"和"综述"部分,作者都会归纳总结基本事实和重要思想。无论从作者身份还是从著作本身看,这样的书在印尼同类著作中都是前所未有的。

历史教训和制度成败。本书反复强调学习历史经验教训,着重阐述政治与经济的关系以及对人民生活的影响,落脚点是人民生活的不断改善。无论是殖民地时代荷兰实行的以榨取制度为特征的经济制度、日本占领时期的战争经济、印尼独立初期"议会民主"和"政治挂帅"的经济体制,还是在印尼取得经济高速增长、成为"亚洲虎"的"新秩序"时期、亚洲金融危机后开启的民主改革时代,在作者看来,当经济制度和政策没有给人民带来实际利益时,或是没有解决人民的政治诉求时,都要被时代变化所调整。而国际和国内形势的相互作用是促使政治经济转变的重要因素。在发展中大国,强力政治控制("强人政治")虽曾保障长时期经济增长,但借用新加坡已故卓越领导人李光耀先生的比喻,"印尼就像一个高压锅",各种矛盾积蓄到沸点时,"强人政治"的减压阀就会失灵,社会就会在急剧的动荡中发生剧变。布迪约诺先生在书中作了精辟分析,同时,他也指出民主体制并不必然带来经济发展,"并不必然确保建立好的官僚体系"(第181页),要使民主发挥效力,就要"建立政治和经济高度协调一致的机制"(第178页)。"对一个国家和民族来说,只有以经济统一为基础,政治统一才能持续;只有建立各地区的有效联通,经济统一才能实现。"(第185页)

有意思的是,作者用了很大篇幅剖析印尼在"新秩序"时期经济的迅速恢复和持续近30年的高增长(其中连续10年超过8％的增长,国际上称之为"奇迹"),而"强人政治"使得崇尚自由市场思想、毕业于美国加州大学伯克利分校经济学专业的印尼技术官僚有用武之地,在当时发挥了重要作用。维佐约·尼蒂萨斯特罗是几位技术官僚的领头人,包括阿里·瓦达纳、埃米尔·萨利姆、莫哈默德·沙德利等。萨利姆戏称维佐约是他们的"村长"。外人则谑称他们为"伯克利黑帮"(Berkeley Mafia)。实际上,执政30年的印尼总统苏哈托并不完全依靠技术官僚,还重用他的亲信将军以及技术专家如哈比比等。苏哈托"微笑寡言"(澳大利亚学者的传记称之为"微笑的将军")背后的政治抱负(使得印尼成为地区和世界强国)和政治性格(从善如流和杀伐决断)曾将各种受过西方高等教育的印尼高级人才汇聚在一起,使得印尼达到一个稳定发展的顶峰时代。这其中,还多少带有政治手段的"威严"。根据哈比比回忆录改编、描写哈比比及夫人艾依浪漫人生的印尼票房最高的电影(据说有470万人观看,票房达1700万美元,我本人是在乘坐印尼鹰航班机时看的)《哈比比和艾依》(Habibie & Ainun)就戏剧性地展示了当时他作为高技术人才在"某种气氛"下回国服务的情景。可惜的是,在苏哈托执政后期,"裙带资本主义"在印尼日益成为阻碍公平正义的毒瘤,也必然造成发展动力衰竭和社会矛盾"增压"。当"强人"身体甚至政治意志衰弱时,30多年前以及执政以来积累的各种"恩怨"就会在剧烈动荡中造成"天翻地覆"。书中,布迪约诺先生谨慎避免政治批判,只用事实告诉我们政治和经济"钟摆互动"的结果(埃米尔·萨利姆的形象比喻,看似平淡的文字,却是对人民和民族付出的沉重代价的总结,"大江东去"后的今天仍能看到深深的伤痕在不时唤起印尼沉淀的民族记忆,细细撕裂印尼社会,但是主张民族和解已逐渐成为时代主调),强调政治意志与经济决策保持一致的重要性,指出这是国家取得实实在在发展的关键保证。

理论务实和深入浅出。本书中,你也会看到印尼在榨取制度下曾经出现被马克思奚落、被凯恩斯推崇的神父马尔萨斯提出的"绝对贫困",在劳动力供应和城市化进程中即将面临诺贝尔经济学奖获得者刘易斯所说的"拐点",会发现古典经济学派、凯恩斯学派、芝加哥学派、发展学派以及国际货币基金组织、世行等国际机构经济学家的观点对印尼主流经济学家的影响,特别是在上世纪60年代中期出现大动乱和政权更迭后,"伯克利黑帮"在经济重建和"起飞"过程中的重要作用。不同的是,布迪约诺先生几十年来不仅在校园作教学和理论研究,而且作为金融和经济政策决策者和计划制定者,必须运用各种经济理论解决本国实际经济问题,因此,他并不完全站在技术官僚角度批判,而是站在印尼全面发展的角度冷静观察和思考。他列举了印尼技术官僚和技术专家关于工业化的争论,成败得失交由读者评说。作为金融专家,他特别看重"收支平衡预算",大篇幅谈论印尼财政金融,结论不仅是技术工具性的,更是宏观政策性的,重点在于保持政策的连贯性和可持续性。

抓住关键和熟筹长远。"仓廪实而知礼节,衣食足而知荣辱。""民不足而可治者,自古及今,未之尝闻。"中国古代圣贤早已深知并深刻论述民生的重要性。如今,即使经济发展、国力增强、地位提高,涉及国计民生的根本性问题依然受到高度重视,并有持续性创新政策。印尼与中国一样,需要牵住几个关键问题的"牛鼻子",如粮食(大米)、燃油和其他基本生活品问题(印尼在亚洲金融危机时确定"九种生活必需品")、贫困和失业问题、基础设施"赤字"问题等。此外,还必须提到金融业作为经济运行血液以及人们财富安全和增长稳定器的重要性。对此,布迪约诺先生在书中列举具体案例,包括大米危机、印尼国家石油公司危机等,而且突出论述金融和经济危机,提出判断金融危机是否可能引发更大范围危机,关键看失业人数和粮食价格两个指数(第 195 页),强调了以人为本、持续发展的建设思想。

他敏锐地看到印尼在全球化、资本与知识竞争白热化时代面临的发展危机问题,认为发展中国家的结构在调整中,制度和机构建设处在"进行时",而且是一个相当漫长的过程,指出"一个民族如果都由思维狭隘的人组成,是不可能成为伟大民族的"(第 172 页),"只有新一代胜过老一代,一个民族才能进步发达"(第 169 页)。他从整个国家和民族长远可持续发展的角度,提出国家战略规划的重点是培养新一代具备优良素质的印尼人,强调关键是加强公共机构建设、人的建设、法律建设。他重点介绍了世界关于"培育新人"的最先进研究成果,指出应从孩子还在母亲子宫中时就做起,国家应在医疗卫生、教育等方面提供必要保障,这是民族发展兴旺的长远大计。

谨小慎微和打造防线。在当前不确定因素增多的经济"新常态"下,对经济增长周期的判断成为经济学界的关注焦点。美国著名经济评论家丹特(Harry S.Dent,Jr.)的著作批判了俄罗斯经济学家康德拉季耶夫的 50—60 年"长周期"论,认为从通胀到通缩的"长周期"甚至可达 80 年。他还专门谈了"泡沫"的十大特征。布迪约诺先生根据印尼经济结构、对外贸易、预算平衡和汇率变化易受国际大宗商品市场严重影响的特点,专门谈到应区分正常的"经济亢奋"和"泡沫",防止泡沫过大到破灭;要随时注意资本"逆流动"。他强调在"经济结构建设"中要"增加市场厚度"(第 189 页);管理经济和金融应恪守"谨慎"原则;警醒各方"危机随时不期而至",经济政策管理者要"保持乐观,戒慎戒惧,时刻准备应对最坏局面的出现——希望做到最好,准备应付最坏"(第161页)。在应对危机时,要遵循协议守则快速反应(第190页)。他提出的打造预防危机三道防线,让我们看到印尼政治和经济决策者对本国建设面临的挑战和风险已经有足够清醒和理智的认识。

风暴来临和临危善处。印尼曾经经历60年代中期全面动荡危机、80年代油价暴跌动荡。布迪约诺先生在本书中描述和分析了当时的应对措施,这里可以看到已故的维佐约·尼蒂萨斯特罗教授"经济班子"的作为。布迪约诺先生曾亲自参与印尼应对1997—1998年亚洲金融危机、2008—2009年全球金融危机,这部分的叙述和剖析是本书重点,也是全书"看点"。他从金融和经济角度条分缕析了危机起因、过程以及对策措施。其中,关于亚洲金融危机爆发前的气氛的简要描述,包括当时世行对印尼经济的乐观评价,令人联想到当时美国经济学家克鲁格曼对东亚经济奇迹的批判以及危机预言。对石油行业熟悉的人还会想到丹尼尔·尤金著作中提到的"雅加达症候群"。当时尽管泰铢已急剧贬值,但2007年11月在雅加达石油输出国组织部长级会议上,与会国依然乐观地认为石油需求将继续增长,决定日增产量200万桶。当国际货币基金组织驻印尼的两位代表向两名与会者谈及危机蔓延升级时,后者几乎不敢相信。结果,随着形势恶化,油价跌落到每桶10美元以下,品质差的原油价格甚至低于每桶6美元。还可以联想到沃伦·巴菲特的比喻,他形容人们在股市"高歌猛进"时的心理状态就像灰姑娘参加舞会,如果忘了时钟会在午夜敲响,那么一切神奇的变幻都将原形毕露。

布迪约诺先生并未渲染危机造成的严重后果,而是平铺直叙地勾勒事件发展全貌,让人看清为什么决策者的措施没有奏效,为什么印尼在亚洲金融危机中会一再错失机会,最终跌落悬崖。而在2008年金融危机席卷全球时,为什么印尼没有走向深渊,不同于韩国、泰国、马来西亚等国出现停滞甚至负增长的局面,仍然保持了增长。如果我们再以当时斯蒂格利茨的报告和其他作者的解剖来参照,会看到一国政策决策者和多国专家在危机认识上的共同点、在应对举措上的差异性。

布迪约诺先生表示,处置危机来不及等到所有信息和弹药都齐备,主要考量是防止"多米诺骨牌"效应出现,预防金融体系全面坍塌。要选择"与已知的魔鬼打交道"。学术分析则不同,是待各方面信息都完备后再作结论的"事后诸葛亮"。他将决策者比喻为在风暴中航行的"船长",当"完美风暴"出现时需果断决策、勇于担当,确保以最低损失达到最大效果。这也许使我们可以透过"轻松""缓慢"的表面现象,管窥印尼决策者的谨慎和担当,了解这个民族的性格和特质。

看好印尼。卢奇·夏玛说,并非所有的树都朝着天空生长。他喻指的是投资并非必然带来巨大收获。在全球化时代,资本的首要考虑是投向何方才能安全和增值。我想说的是,印尼就是一棵生命力旺盛的榕树,只要慧眼明辨,号准根脉,坚持耕耘,顺势而为,始终不渝,就会获得无限发展的机遇。

一是在当今世界经济版图中,印尼经济具有前所未有的重要地位。作为世界最大的群岛国(17508个岛屿)、第四人口大国(2.5亿人),穆斯林人口最多(占人口比例90%,号称拥有8500万信众的印尼最大穆斯林组织"伊斯兰教师联合会NU"负责人说印尼穆斯林占全球穆斯林总人口的12.9%,且其全国性组织人数之庞大是世界绝无仅有的)、各种自然资源(石油、天然气、煤、镍、铁、铝、铜、黄金、棕榈油、橡胶、可可、咖啡、椰干、胡椒、金鸡纳霜、热带林木、海洋资源等)储量丰富、产能巨大的国家,印尼拥有独特的人口(适龄劳动力占人口总数一半以上)和资源优势。印尼的发展经历了跌宕起伏。从上世纪60年代中期"新兴力量挑头人"到全面动荡濒临"崩溃",从七八十年代"起飞"和与马来西亚、泰国、菲律宾并列"亚洲虎"到1997—1998年亚洲金融危机引发国内全面危机、国内生产总值衰退约20％、印尼盾贬值约80％、股市重挫90％，悲观者一度认为印尼会分崩离析，成为"失败国家"。但印尼却在逆境中逐步复苏，2004年起经济持续保持5％以上的增速，甚至在2009年全球金融危机造成泰国（－0.7％）、马来西亚（－1.5％）、韩国（0.7％）增长停滞甚至倒退时，印尼增速也只减少为4.6％。这引起国际经济学界的高度关注和赞赏。美国著名经济学家奥尼尔在2001年提出"金砖四国"（BRIC，后来加上南非，变成金砖五国（BRICS））后，2011年继续强化其"金砖"概念的同时，提出"新钻11国"（N-11），印尼位列其中。奥尼尔提到，一些印尼精英们甚至期望将印尼列为"金砖"之一（成为BRIICS）。2014年，印尼出现政权轮替后，2015年经济增长4.88％，2016年增长5.02％，国内生产总值约9540亿美元，预计2017年将保持增速5％以上，国内生产总值有望突破1万亿美元，位列世界第16位，购买力平价将达3.2万亿美元，位列世界第8位。印尼中产阶级人数已超过4500万，银行储户超过6500万。由于人均收入只有3870美元（2005年时还不如1998年金融危机前），位列世界第117位，在提升到人均5000—10000美元的过程中，仍有巨大发展潜力，并为全球投资者提供广阔商机。仅基础设施领域，印尼就需投资600—1200亿美元。更主要的是，印尼在"后苏哈托时代"经过哈比比、瓦希德、梅加瓦蒂、苏希洛等执政后一路走来，现已进入佐科执政的"黄金时代"。改革过渡期中不断强化全国整体系统稳定性，舒缓抑制局部政治混乱性，各种改革和刺激措施的出台进一步提升了市场吸引力，激发了经济发展活力。美欧澳一些机构和学者预测，从现在的发展势头看，到2040年，当中国超越美国成为全球第一大经济体时，印尼可能"异军突起"，排在中、美、印、日之后，成为世界第五大经济体。

但是，还要看到另一面。仅从联合国开发计划署2015年发布的"人类发展指数"（HDI）来看，印尼位居世界第113位，在东盟国家中低于新加坡（第

5位)、文莱(第30位)、马来西亚(第59位)、泰国(第87位),高于越南(第115位)、菲律宾(第116位)、老挝(第138位)、柬埔寨(第143位)、缅甸(第145位),属于中等国家行列。此外,在国家竞争力、创新、营商、贸易和通关便利化以及法律保障等各种指标中,印尼也落后于新加坡、马来西亚、泰国等东盟国家,在政治经济安全方面还存在诸多不确定性,要跻身发达国家行列,还有很长的路要走。

二是在未来命运共同体建设中,中国与印尼关系具有举足轻重的作用。在双边层面,中国与印尼关系已经走过最曲折的阶段,成为全面战略合作伙伴。双方在涉及对方核心利益的问题以及重大国际和地区问题上相互理解和支持。两国领导人频繁接触,积极出席对方主办的重大国际活动,高层建立了多种磋商机制,制定了具有持续性的五年工作计划,地方和民间开展了广泛而密切的交流。中国成为印尼第一大贸易伙伴,2016年双边非油气贸易额457.8亿美元,是印尼第一大进口来源地、第二大出口目的地。中国内地和香港对印尼合计投资49.1亿美元,仅次于新加坡(91.8亿美元)、日本(54亿美元),如果算上经新加坡等国的投资,实际上已成为印尼第一大投资来源地。中国企业在印尼能源、电力、电信、道路、码头、机场、铁路、水库等基础设施建设中扮演了重要角色,油气田、采矿业、电站、油棕园、产业园区、经济特区、保税区、新城镇、电子商务等成为中国公司密集投资的"蓄水池"。一些具有突破性、标志性意义的合作项目得以完成或启动,如2009年通车、连同引桥和连线道路全长18.5公里的泗水—马都拉海峡大桥是中国在海外援建的第一座跨海大桥。2015年建成的高110米、长1715米、大坝容量670万立方米、水库容量9.8亿立方米的加迪哥德大坝如投入全面运营,可灌溉9万公顷农田、发电110兆瓦。2017年即将动工的全长142公里的雅加达—万隆高铁项目是中国高铁在海外落地并实际实施的第一个项目。如今,印尼中国商会会员超过200多家,在印尼的中资企业逾千家,各行各业都能见到中国公司和个体的身影。2016年到印尼旅游的中国游客超过140万人次,2017年可能达200万。印尼人学中文、中国人学印尼语的人数与日俱增。在地区和国际层面,两国领导人和决策层"不畏浮云遮望眼",战略目标高度一致,保持了密切沟通和协调,在利益冲突问题上体现了相互关照的伸缩性和灵活度,避免了两国关系出现大的波动。这为两国关系保持良好发展势头创造了有利条件,也为中国推进"一带一路"战略和印尼建设"海洋轴心国家"战略的全方位对接夯实了基础、增添了动力。随着两国国力和国际影响力的不断提升,两国在未来建设"命运共同体"的国际体系中加强合作,共同发挥作用的机遇也会更加广阔。

布迪约诺先生在本书中也提到"中国经济放缓",警示他的国人必须为此作好必要准备。是的,中国与印尼经贸关系相互依存和拉动作用攸关两国人民福祉。有分析说,人民币贬值10%,印尼经济增长将下降0.32%。印尼央行认为,中国经济每放缓1个百分点,印尼出口将下降10.2%,经济增长会下降0.6个百分点。但是,我们看到,无论是中国在"新常态"下推进全面深化改革(包括供给侧改革),还是印尼持续出台改革政策和刺激措施,两国都在积极探寻创新发展、富民强国之道,不断扩大两国利益结合点。探索创新无止境,发展脚步不停歇,这是两国关系未来发展的动力和活力所在。

三是在民心相通的纽带中,印尼拥有中国最多的"亲戚"。印尼华人数量几乎占海外华人的一半,不仅在印尼的稳定、发展、和谐中发挥了不可或缺的重要作用,而且在印尼与中国及世界其他国家交往中扮演着十分重要的角色,对中国的改革开放与发展做出了非常重要的贡献。其命运不仅关乎印尼的统一团结和稳定发展,而且牵动中华民族和世界人民的感情。经过近20年的印尼民主改革,印尼华人在本国政治经济生活中的作用出现质的变化,在政治、社会生活上曾经受到严重歧视、压制甚至血腥攻击的遭遇已成为历史,他们落地生根,已成为印尼多民族、多信仰、多文化主体不可分割的一部分,成为推动印尼建设民主、平等、公正的社会和政治变革的重要力量,对印尼保持种族宗教文化多元化、维护国家统一与和谐具有重要影响。华人在体制内的角色遍及内阁部长到省长、县市长,国家和地方立法机构议员、法院和检察院等司法机构,在印尼的各个政党和主要社会团体中都能见到华人身影,并与印尼军队、警察等部门保持着紧密关系,特别是华人新生代进入印尼体制明显增加。印尼华人体现了顽强的生命力和发展韧性,度过了一次又一次严重的经济、政治和社会危机,而且每次危机过后都能重新崛起,不仅有力地助推印尼经济复苏,而且自身也实现新的超越。他们在印尼经济生活中扮演着推动车轮运转、服务大众利益、促进创业创新、多元族群融合、加强国际合作的主要角色。不仅是华人,而且其他族群企业家也同时崛起,创造"财富奇迹",打造出多种产业构成的现代化管理大集团。卢奇·夏玛说,"印尼有许多优秀而清廉的公司"。的确,我在印尼工作期间,接触了不少华人和其他族群的优秀企业家,看到在先进理念下资本、知识和技术的结合正在推动印尼企业不断转型和提升。华人企业早已成为本地各族群政治精英、专业人才和多素质劳动力加上其他国家专业人士的集合体,是国际资本、人才、资讯、市场网络的一部分。华族的权利和地位已成为包括印尼、中国在内的国际社会反对歧视,推动自由、平等、公平、正义的人权事业的一部分。他们的命运早已牵动国际社会关注。而对于中国,由于在亲缘、语言、文化、人际上的天然亲近感和独特优势,华人在促进两国政治、经济、文化、教育、旅游等全方位合作以及两国人民心灵相通中仍在继续发挥着重要作用。

尽管在各种复杂因素刺激下,印尼社会针对华人的消极言论还会不时出现,甚至有时将矛头指向中国,个别事件的发生也在所难免(包括雅加达省长选举结果出来后,法庭判决华裔省长钟万学入狱2年造成的风波还在延续),甚至还会有宗教极端主义、恐怖主义、狭隘民族主义存在并制造冲突,但要看到,印尼国家求稳、民心思安、促进族群宗教文化和谐的民族意志和主流民意不会改变,对华友好合作的势头不会逆转。

正如布迪约诺先生所说,印尼还未将增长潜力发挥出来,还没达到上世纪七八十年代持续30年高增长的水平(第173页)。这个国家也不可能再回到集权体制下发展的老路,但在民主体制下如何增强发展活力还在探索之中。印尼民族乐观顺生,注重实实在在的获得感,愿意在心安理得和轻松满足中稳步前进。去年,我在拜访印尼著名华裔企业家李文正先生时,他说:"印尼没怎么辛苦努力,就能取得5%的增长,再努力一下的话,实现7%甚至10%以上的增长是完全可能的。"他看好印尼在本世纪会再现一个"高增长时代",不断走向崛起。

感恩多方

上世纪八九十年代,在我学习和教授印尼语言文学的时期,虽然也曾翻译出版一些印尼文学作品,但中国国内出版印尼文译著的空间十分有限。迄今,尚未看到一本翻译印尼经济的著作。

能够翻译这本书,首先要感谢37年前在解放军外国语学院(当时叫"洛阳外语学院")学习印尼语和其他专业知识的经历。当时中国与印尼尚未复交,处在"戒惧"甚至"敌对"状态。全中国学印尼语的本科生只有包括我在内的20人。如今,培养锻造我们的领导、教员和干部们或已离我们而去,或已退休赋闲,或不知去处,其中还有几位印尼归侨。我的同学不少早已"转移战场"。听说这所军校也将在此次中国军改中撤销合并,成为记忆中的历史。

感谢32年前在北京大学东语系读硕士研究生收获的一切。感谢恩师、上世纪50年代初从印尼归国的梁立基教授(现已年届90)的指导。他和黄琮芳教授、孔远志教授、已故的涂丙立教授、居三元教授,加上张玉安教授、梁敏和教授等组成北大印尼语"梦之队",培养了中国改革开放之后一批批优秀的印尼语人才。更要感谢的是北大所承载的中华民族和世界各民族的优秀传统、精神、人格、知识殿堂和强大气场对人深入骨髓、荡涤魂魄的灌注滋养。北大给予我人生最大的获得感。

感谢90年代初开始历时27年在中国对外战线工作的实践、知识、经验和人脉积累。从1990年中国与印尼复交后首次陪同印尼出席北京亚运会代表团长、参与两国军事交往翻译工作到后来进入中国外交部、两次作为中国外交官派往印尼常驻,我见证和参与了两国关系从恢复交往到全面合作的每个重要阶段,经历过5任印尼总统。这段为中国外交事业服务、为两国和中国东盟关系发展做贡献的经历书写了我人生中最宝贵的一页。

感谢13年前在广西以及后来在北京的商务区、公司工作的经历。对广西等中国边疆省份来说,和平发展弥足珍贵,坚持睦邻友好合作互利共赢的外交政策不动摇既是造福中国自身,也是为世界各国和全人类造福。我有机会直接参与第一、二届中国东盟博览会和商务与投资峰会等重大国际活动的策划筹备,看到广西后发争先、弯道超车、跳起摸高后取得的显著成就,为如今在中国推进"一带一路"战略中确立"带路"衔接的门户地位创造了有利条件。在广西工作期间,不仅了解到中国地方建设和改革开放的需要,而且与东盟各国经贸主管部门和工商界人士开展了密切交往,加上后来在首都空中门户开发区、公司战略规划和案例研究的实战积累,更加注意根据工作发展需要不断学习、扩充、转型。

感谢在印尼工作期间的诸多朋友们。无论是印尼政府、议会、政党还是工商界、学术界,甚至普通印尼平民,都使我有一种语言文化上与之心灵相通的亲近感。我们通过语言交流进入对方情感深处,了解对方思维模式,化解彼此心中芥蒂,达到情感流动和谐。我始终保持着从印尼文原著中了解对方思想和情感的习惯。感谢印尼中国经济社会文化合作协会、中华总商会、工商会中国委员会、华裔总会、百家姓、吉祥山基金会、客属联谊总会、"六桂堂"等社团的精英人士们。感谢印尼华文媒体如国际日报、印华日报、商报、星洲日报的创办人和社长、主编们。感谢那些在印尼工作和生活的各国朋友们,无论是外交、企业、学术、媒体还是非政府组织人士,与他们的广泛交流使我学会从多维度、多视角看印尼。

感谢中国驻印尼使馆,驻东盟使团,驻登巴萨、泗水和棉兰总领馆,人民日报、新华社驻印尼的代表们,还有诸多中资企业在印尼的负责人和工作人员。感谢"老杜在印尼"等微信信息发布平台和多个企业家、校友微信群。在社交媒体发达的时代,接触的每个人和耳闻目睹的有价值信息都让我获益良多,让我始终意识到应不断学习,为两国人民友好做些力所能及的工作。

感谢中国华信能源有限公司在服务国家"一带一路"战略、为国家拓展海外能源利益中,给予我的充分信任。这家中国民营企业2014年成功进入全球财富500强榜单,2015、2016年在榜单上排名连续提升,短短三年,从第349位提升到229位。华信董事局主席叶简明先生提出企业发展始终以服务国家和民族利益为首要目标,秉持"由力而起,由善而达""先成就别人,后成就自己"的人生信念,强调战略思维力和战略执行力,要求以"格物致知"的哲学意识和专业精神做人、做事、做企业。这段工作经历加上对中国和其他国家成功企业家和企业发展的观察思索,让我不仅初步认识新时代的中国企业家精神(管理大师德鲁克特别强调以创新为核心的"企业家精神"),更让我站在一个国际品牌中国民族企业提供的高端平台上去完成开拓性的工作。令我欣慰的是,叶先生为中译本不吝赐笔,写下推荐语。

感谢我的老领导,现任中国国际问题研究基金会总负责人,前驻印尼、加拿大、瑞典大使兰立俊及夫人顾琅琳。他们作为"伯乐"引领我重新踏上一段与印尼难以割弃的人生新征程。在印尼有着深厚人脉和"好人缘"的兰大使慨然推荐这部译著。

感谢著名人本经济学家常修泽教授。其著作《人本型结构论》系统提出"以人的发展为导引"的中国经济结构转型新思维,与布迪约诺先生对印尼经济发展的探索异曲同工、殊途同归。常教授在提出推进"一带一路"战略的建议中高度重视印尼,此次得知布迪约诺先生的中译本出版,益然提笔推荐。

感谢我的夫人书秀和儿子勃熹给我工作和生活提供的宝贵支持、鼓励和快乐。他们伴随我整个翻译过程,让我有相濡以沫、甘苦与共之感。书秀对文字寓意和局量境界的悟性灵性和指点迷津让我受益匪浅,令我不禁联想钱钟书先生校对杨绛先生《吉尔·布拉斯》的情景(吴学昭著《听杨绛谈往事》(三联书店2008年版))。勃熹的活泼好动不时使我联想上世纪40年代钱、杨先生在上海"蜗居"写作时的女儿"圆圆"、布迪约诺先生提及写作时"孙儿绕膝"的情景。我在与儿子的玩耍中得到放松、充电。可以说,他们持续给予我充满活力和乐观进取的正能量,加上父母鼓励我学好印尼语、为国家和民族做贡献的殷切期望,使我能驽马十驾,永不言弃。

感谢布迪约诺教授,这位令人尊敬、平易近人的印尼长者。他的信任既是动力,更是压力。看得出中国在他心目中的分量,中国和全球华文读者是他心仪的对象。当我提出要求,请他对中国以及世界各地的华文读者写一些话后,他欣然写了一篇序言,并提供"红红火火"的"全家福",表达对中印尼两国人民长期友好的真诚祝愿。

感谢北京大学出版社副总编辑杨立范先生、该社驻沪办事处王业龙主任以及杨丽明和姚文海编辑,还有版权部张娜编辑。感谢印尼米赞出版社总裁萨丽·缪媞娅以及责任编辑艾斯蒂·A.布迪哈卜沙丽、版权编辑尤莉娅妮·丽普托。他们的慧眼、理解、支持以及精益求精、追求卓越的工作态度使布迪约诺先生的中译本能够梦想成真。当布迪约诺先生得知北大出版社愿意出该书中文版时,高兴之情溢于言表,也见之于中文版序言中。

感谢印度尼西亚共和国国家图书委员会、印度尼西亚共和国文化教育部共同主持的印尼文书籍翻译基金给予的大力资助。据了解,这是上述机构首次资助印尼文著作中文版的出版。

最后,感激历史传承和时代契机。中国与印尼人民同宗同源,有着两千多年交往史,可以追寻义净、法显、汪大渊、郑和、马欢、费信、巩珍等留下的梦影,满载唐代瓷器的"黑石号"以及明代商船的航迹;可以读到"爪哇八贤"(Wali Sanga)的传奇,还有万丹王与明皇室联姻的传说。近代以来有着相似的历史遭遇,也一直在为追求民族独立和在世界舞台站立起来而共同求索,孙中山、毛泽东、周恩来,苏加诺、哈达等一代民族杰出人物分别带领这两个国家经历了"苦难辉煌"。两国在"赤道雕弓能射虎,椰林匕首敢屠龙"的"如火如荼岁月"与其他亚非国家共同提出"万隆精神",确立了国际关系新准则。邓小平时代的改革开放重新开启了两国友好合作的大门。在全球化深入发展的今天,两国又在共谋发展、共创繁荣、共建国际新秩序,是"命运共同体"。习近平主席提出实现民族复兴的"中国梦",佐科总统期盼印尼成为世界发达的海洋强国。两国和世界其他国家一道,正携手走在同一条大路上。在2017年5月14—15日北京举行的"'一带一路'国际合作高峰论坛"上,习近平主席提出弘扬以和平合作、开放包容、互学互鉴、互利共赢为核心的丝路精神,世界各国共同努力,将"一带一路"建成和平之路、繁荣之路、开放之路、创新之路、文明之路。佐科总统表示要在"一带一路"框架下为印尼与中国合作创造新的契机。在新的"丝路精神"引领下,两国一代又一代人将不断超越历史局限、认识局限和知识局限,在世代友好合作的征途中,最终筑起造福两国人民、地区人民和世界人民的康庄大道。

但愿,布迪约诺先生这本书能为你打开一扇窗,引领你继续探究"海上丝绸之路"必经之地、"赤道翡翠""万岛之国"印度尼西亚的丰富宝藏,不断开拓两国共同发展的新机遇。

龚　勋

2017 年 5 月 15 日

参考文献

1. 习近平.携手推进"一带一路"建设——在"一带一路"国际合作高峰论坛开幕式上的演讲.人民网,2017 年 5 月 14 日.

2. 印尼—中国就战略伙伴关系签署合作文件(RI-China Teken Kerja Sama Kemitraan Strategis).印尼外交部网站(www. kemlu. go. id),2017 年 5 月 14 日星期日(Minggu,14 Mei 2017).

3. 佐科维—习近平见证签署三个协议(Jokowi,Jinping witness signing of three agreements).印尼安塔拉通讯社网站(m. antaranews. com),2015 年 5 月 15 日星期一(Senin,15 Mei 2017).

4. Jim O'Neill(奥尼尔). The Growth Map,Economic opportunity in the BRICs and beyond(成长地图:金砖四国的经济机遇). the Penguin Group,2011.

5. Michael Schuman(迈克尔·舒曼). The Miracle,The Epic Story of Asia's Quest For Wealth(创造奇迹:亚洲财富增长的史诗故事). Harper-Collins Publishers,2010.

6. Harry S. Dent,Jr(小哈利·S. 丹特). The Demographic Cliff,How To Survive And Prosper During The Great Deflation Of 2014—2019(增长周期:2014—2019 年大通缩中的生存发展之策). the Penguin Group(USA)

LLC,2014.

7. Rajiv Biswas(拉吉夫·比斯瓦斯). Future Asia, The New Gold Rush in the East(未来亚洲,新一轮东方大淘金). PALGRAVE MACMILLAN,2013.

8. 史迪格里兹及联合国金融专家委员会. 扭转全球化危机——史迪格里兹报告(The Stiglitz Report: Reforming the International Monetary and Financial Systems in the Wake of the Global Crisis). 洪慧芳,译. 天下杂志股份有限公司,2011年5月.

9. 卢奇·夏玛(Ruchir Sharma). 谁来拯救全球经济(Break out Nations in Pursuit of Next Economic Miracles). 吴国卿,译. 中国台湾地区商周出版社,2012年9月6日.

10. 丹尼尔·尤金(Daniel Yergin). 能源大探索——石油即将枯竭?(The Quest: Energy, Society and the Remaking of the Modern World). 刘道捷,译. 中国台湾地区时报文化出版企业股份有限公司,2012年7月27日.

11. 国际货币基金组织、世界银行等关于印尼的最新资料.